상품이 되어버린
우리들의 집, 값에
대하여

Why Can't You Afford a Home?
Copyright © 2020 by Josh Ryan-Collins

Korean Translation Copyright © 2025 by Sa-I Book Publishing.
Korean edition is published by arrangement with Polity Books through Sienna Jo Agency.

이 책의 한국어판 저작권은 시에나조 에이전시를 통한 Polity Books와의 독점계약으로 사이에 있습니다.
저작권법에 의하여 한국 내에서 보호를 받는 저작물이므로 무단전재와 무단복제를 금합니다.

상품이 되어버린 우리들의 집, 값에 대하여

왜 전 세계의 집값은 유독 21세기에 더 폭등하는가

조시 라이언-콜린스 지음
윤영호 옮김

사이

차례

1장
1950년대 이후로 부동산은 그 어떤 투자보다 수익률이 좋았다 … 9

더 이상 유효하지 않은 약속
부의 축적이 '부동산의 양도소득'으로 채워지는 세상
주택 문제는 현대 자본주의 위기의 '진원지'다

2장
우리들의 집이 '금융 자산'으로 변모하기까지 … 23

집값 상승의 81퍼센트는 땅값 때문
공급은 한정되어 있고 수요는 계속해서 늘어나는 땅
입지를 둘러싼 경쟁, 그리고 그 가운데 놓인 우리들의 집
1970년대보다도 낮아진 21세기의 자가주택 보유율
제2차 세계대전 종전 후, 정부가 주택 시장을 보호하다
신자유주의 시대, 주택을 매력적인 '금융 자산'으로 만들다

재산세도 낮게 부과하고 양도소득세도 감면해 주는 미국
세금 혜택으로 주택을 '투자의 대상'으로 만들다
'주택의 상품화'에 동조하는 정부

3장
주택담보 대출은 어떻게 전 세계적인 폭발력을 갖게 되었을까 … 61

대출 증가만으로도 집값이 상승할 수 있을까
1990년대부터 시작된 주택담보 대출의 전 세계적인 폭발적 증가
미국, 은행이 본격적으로 영향력을 발휘하다
영국, 정부 주도의 규제 완화
주택 금융 시장은 어떻게 전 세계 투자자들을 사로잡았나
정부가 주택 구매를 독려하는 정치적인 이유
부동산 거품, 경제에 가장 심각하고 가장 오래 영향
전 세계로 퍼져나간 집값과 대출의 악순환
스페인과 아일랜드, 주택 공급이 늘어도 집값은 계속 상승한 이유

4장

정부와 중앙은행은
책임이 없는가 ... 121

"안정은 오히려 불안정을 초래한다"
집값 상승은 경제를 효과적으로 부양했을까
중앙은행은 제대로 역할을 해왔는가
주택담보 대출과 생애주기 가설
은행의 부동산 담보에 대한 편애
21세기의 집값 폭등은 정부와 중앙은행에도 책임이 있다
글로벌 자본의 로컬 부동산 시장 습격
선진국들의 증권화 재도입
유럽의 인증 제도, 부동산에 중독된 은행을 지원?

5장

주택 시장과 금융의 악순환은
어떻게 끊어낼 수 있을까 ... 165

부동산은 지난 130년간 최고의 투자 대상
금리보다 신용에 대한 통제를
주주 이익 우선의 대형 민간은행, 글로벌 금융 위기의 한 원인

독일의 주택담보 대출이 GDP의 30퍼센트에 불과한 이유
민간은행을 대신하는 국영은행들
부동산이라는 담보물, 그 위험을 해소하기 위한 대안들
세제 개혁, 가치 상승분에 세금 부과
OECD와 IMF도 인상을 촉구하는 부동산세
토지를 투기의 대상에서 배제시키는 방법
싱가포르 정부, 국민 83퍼센트에 주택 임대
주택 보유율이 낮은 나라가 경제와 금융의 변동에는 더 안정적

6장
**우리의 집이 상품이 아닌
하나의 권리가 되기 위하여** ··· 213

시장에만 맡겨도 될까
20세기 주택담보 대출 변천사
상품이 아닌 거주를 위한 공간이 되기 위하여

감사의 말 ··· 225
자료 출처 ··· 228

| 일러두기 |

1. 이 책에서 자주 언급하는 앵글로-색슨계 국가들은 일반적으로 영국, 미국, 캐나다, 오스트레일리아, 뉴질랜드 등 영어권 자유시장 경제 국가들을 의미한다.
2. 각주 번호 이외에 본문에 기재되어 있는 번호는 자료 출처를 의미하며 본문 마지막에 해당 출처가 기재되어 있다.

1

1950년대 이후로 부동산은 그 어떤 투자보다 수익률이 좋았다

더 이상 유효하지 않은 약속

지금 주목할 만한 변화가 선진화된 자본주의 경제에서 일어나고 있다. 주택을 보유하는 것과 주거 문제가 상당수 사람들에게 점점 더 돈이 많이 드는, 즉 감당할 수 없는unaffordable 수준이 되고 있다는 것이다. 2000년대 초반 이후 거의 모든 선진국에서 소득 대비 주택 가격의 비율은 장기적인 평균치보다 현저히 높아지고 있다(〈도표 1-1〉 참조). 2007-2008년에 글로벌 금융 위기를 겪으면서 그 비율이 다소 낮아지긴 했지만 2013년 이후 급격히 다

도표 1-1   1981년 이후 장기 평균으로 지수화한 15개 선진국의
          소득 대비 주택 가격 비율 지수

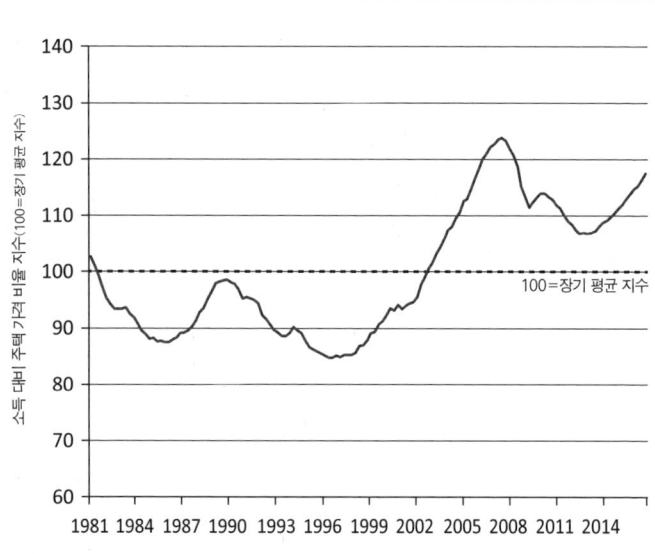

자료 출처: 주택 가격에 대한 OECD의 심층 분석 자료
참고: 영국 데이터는 1987년 이후 자료만 제공

시 상승하고 있다.

특히 서구의 앵글로-색슨계 국가들은 뿌리 깊이 박힌 주택 보유home ownership 문화 탓에 더 심각한 영향을 받았다. 런던, 맨체스터, 시드니, 멜버른, 오클랜드, 밴쿠

버, 토론토, 로스앤젤레스, 샌프란시스코 등과 같은 대도시들에서 중위 주택 가격median house prices은 중위 소득median incomes[1]보다 무려 7배 이상까지 치솟았다. 보통은 3배 정도까지가 감당할 수 있는affordable 수준으로 여겨진다.[1]

이런 상황에서 가장 심각한 타격을 입은 것은 젊은 성인층인 밀레니얼 세대였다. 예를 들면, 영국의 경우 1996년에는 25세에서 35세 사이의 중간 소득층middle incomes 중 3분의 2가 자기 집을 소유했다. 하지만 2016년에는 그 비율이 4분의 1로 급감했다.[2] 미국에서는 2004년에 같은 연령대의 거의 45퍼센트가 주택을 소유했지만 그 수치는 2016년에 들어서면서 35퍼센트로 떨어졌다.[3] 오스트레일리아의 경우도 40세 이하의 주택 보유율은 2001년에는 36퍼센트였지만 2015년에는 25퍼센트로 감소했다.[4]

"열심히 일하면 우리도 내 집을 가질 수 있다"라는 자

---

[1] '중위 소득'은 모든 가구를 소득 순으로 일렬로 나열했을 때 정확히 정중앙에 위치한 가구의 소득을 말한다. 이에 반해 '중간 소득'은 전체 소득 계층을 상·중·하로 나눴을 때 그 중 중간 계층의 소득 수준을 말한다.

도표 1-2 **1980년 이후 앵글로-색슨계 국가들의 주택 보유율**
(전체 가구 대비 비율)

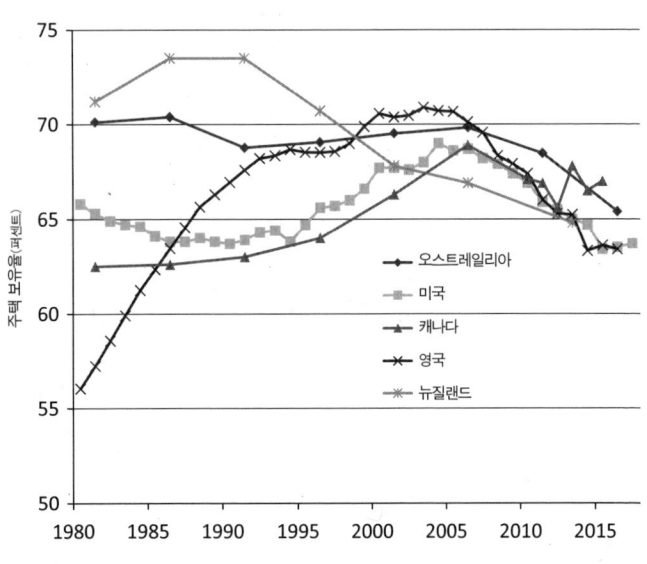

자료 출처: 미국 인구조사국, 영국 가계조사국, 오스트레일리아 인구조사국, 뉴질랜드 인구조사국, 캐나다 통계청

유주의 자본주의 경제의 기본적인 약속은 더 이상 유효하지 않다. 〈도표 1-2〉에 나타난 것처럼 21세기로 접어들면서 모든 주요 영어권 국가들에서 주택 보유율은 크게 하락했다.

만약 주택 임대료가 보다 안정적이라면 주택 가격 상승은 그리 문제가 되지 않는다. 하지만 가계 소득에서 주택 임대료가 차지하는 비중은 점점 더 늘어나고 있다. 영국의 경우 1960년대와 1970년대에 세입자들은 소득의 약 10퍼센트를 주거비로 지출했지만 2016년에는 그 수치가 36퍼센트까지 치솟았다.[5] 직장을 쉽게 구할 수 있는 미국 대도시들에서도 최근 수십 년 동안 임대료가 크게 상승했다. 뉴욕과 샌프란시스코의 경우 주택 임대료는 2000년에는 중위 소득의 약 25퍼센트 정도였는데 2016년에는 각각 42퍼센트, 46퍼센트까지 상승했다.[6] 또한 미국에서 가장 큰 아홉 개 대도시권에 거주하는 세입자 가구의 51퍼센트는 소득의 30퍼센트 '이상'을 주거비에 지출하고 있다.[7] 여기서 30퍼센트는 소득 대비 주거 비용의 감당 가능한 최대 비율이다. 이 같은 환경에서는 내 집 마련을 위해 저축을 하는 것은 사실상 불가능하다.

부의 축적이
'부동산의 양도소득'으로 채워지는 세상
—

이러한 주택 구매력 위기(housing affordability crisis, '주거비 부담 위기'라고도 한다)가 초래하는 사회적, 경제적, 정치적 결과는 매우 심각하다. 도시는 간호사, 교사, 경찰 같은 핵심 인력들은 물론 젊은 사회 초년생들에게도 점점 더 감당할 수 없는 곳이 되어가고 있다. 또한 도심 지역에서는 젠트리피케이션gentrification이 만연해 저소득층 근로자들과 수십 년간 그 지역에 거주해온 사람들이 자신들의 터전을 떠나야 하는 상황이 벌어지고 있는데 이는 지역 사회 기반 자체를 위협하고 있다.

주거 비용의 상승은 사회에 새로운 공간적 및 인구통계학적 분열 또한 조성하고 있다. 영어권 국가들에서 1970년대와 1980년대에 운 좋게 내 집을 장만했던 사람들은 그들의 순자산(부채를 제외한 총자산)이 실질임금보다 훨씬 더 빠른 속도로 증가하는 것을 경험했다. 또한 2000년대 초에 영국에서는 주택 가격 상승률이 워낙 높아서 노동 연령대 성인의 17퍼센트가 자신의 직업을 통해 수년간 벌어들인 소득보다 주택 가격 상승으로 얻은 수익이 훨씬 더 컸다.[8] 반면 이와는 대조적으로 1980년대와 1990년대에 태어난 사람들은 자신들의 자산이 정체되는 상황을 경험했다. 오히려 그들은 홉슨의 선택Hobson's choice[2]에 직면해 있다. 종종 안전하지도 않고 시설도 형편없는 집을 평생 임대하거나, 연간 소득보다 몇 배나 많은 엄청난 주택담보 대출mortgage을 받아 평생 갚아나가야 할 빚더미에 오르거나. 2016년에 실시한 오스트레일리아의 대도시 두 곳에 대한 연구에 따르면, 시드니에서는 매달 평균 가처분소득의 42퍼센트가 중위 가격의 주택에 대한 대출 상환금으로 빠져나갔고 멜버른의 경우는 그 수치가 37.1퍼센트에 달했다.[9] 점점 더 '부모 은행'(Bank of Mum and Dad, 부모에게 경제적 도움을 받는 것)의 도움을 받지 않고는 주거 사다리에 올라타기가 불가능해지면서 사회적 이

---

[2] 겉보기에는 여러 선택권이 있는 것처럼 보이지만 사실상 선택의 여지가 없는 경우를 말한다.

동성과 기회의 균등에 대한 우려 또한 커지고 있다.

최근의 연구에 따르면 1950년대 이후로 부동산 투자 수익이 주식을 비롯한 다른 형태의 금융 투자 수익을 능가하는 것으로 나타났다.[10] 실제로 1970년대 이후 많은 자본주의 국가에서 부의 축적은 재화와 서비스의 생산을 통한 이윤의 증가보다는 주로 부동산 가격 상승으로 인한 자본 이득(양도소득)을 통해 이루어졌다. 자본주의 경제에서 소득 대비 부의 비율이 과거 영국 빅토리아 시대(1837-1901년까지 빅토리아 여왕이 통치한 시기) 수준으로 급격히 상승했다는 토마 피케티Thomas Piketty의 유명한 연구[11] 이면에 내재한 원동력이 바로 이것이다. 이는 '불로소득 자본주의(rentier-capitalism, '지대 자본주의'라고도 한다)'의 일종으로 그와 같은 사회에서 삶의 기회는 성실한 노력이나 혁신, 기업가적 시도가 아닌 그저 운 좋게 그 나라의 적정한 지역에 쓸 만한 토지를 보유하고 있는지의 여부에 의해 결정된다.

이러한 변화는 금융 안정성 측면에도 매우 우려스러운 영향을 끼치고 있다. 사람들이 부동산을 구매하기 위해 예산을 무리하게 사용하면서 많은 선진국에서 소득 대비 가계 부채 비율이 사상 최고치까지 상승하고 있다. 그런 국가들은 경제적 충격과 집값 하락에 더욱 취약할 수밖에 없는데, 특히 주택담보 대출이 고정 금리가 아닐 경우 중앙은행들은 유연하게 금리를 조정하기도 어렵다.

주택 문제는
현대 자본주의 위기의 '진원지'다

그렇다면 우리는 어쩌다 이 지경에까지 이르게 되었을까? 아마도 이 문제에 대한 원인으로 언론과 정치인들이 가장 많이 내놓는 답변은 '주택 공급이 충분치 않기 때문'이라는 말일 것이다. 주택 공급 부족의 주된 원인으로 서방 국가들에서는 대체로 도시개발 계획 및 건설 부문에서의 문제 혹은 과도한 이민자 유입이 지목된다. 물론 이러한 것들도 여러 국가에서 명백히 그 원인에 해당되지만 〈도표 1-1〉과 〈도표 1-2〉에 나타난 것처럼 지난 20-30년 동안의 주택 구매력 위기를 설명하는 데는 그리 도움이 되지 않는다. 21세기로 접어들면서 갑자기 도시개발에 대한 규제가 더욱 강화되었거나 건설사들의 독점이 더 심해진 것은 아니다. 게다가 주택 가격은 심지어 인구가 안정적인 도시들에서도 꾸준히 상승해 왔다.

오늘날의 주택 위기를 제대로 이해하려면 단순히 주택 공급만 살펴보는 차원을 넘어 '주택 수요', 특히 '금융 자산으로서의 주택'과 '담보로서의 토지'에 대한 수요를 살펴봐야 한다. 주택과, 그 밑에서 주거용 건축물을 지탱하고 있는 토지의 수요를 살펴보면 현대 자본주의 경제의 사회적, 경제적 구조에 관한 훨씬 더 큰 문제들을 파악할 수 있다.

특히 정치경제 전반에 걸친 광범위한 변화와 함께 다른 형태의 거주 방식보다 '자가주택 소유'에 대한 정치적 선호도가 강해지면서 주택 시장과 토지 시장에 의도하지는 않았지만 다음과 같은 두 가지 중대한 변화를 초래하게 되었다.

첫째, 부동산에 부과되는 세금도 줄어들고 저렴한 가격

의 공공 주택 공급 또한 감소한 탓에 경제가 성장해 가면서 토지 소유주에게 자연스럽게 돌아가는 횡재이익windfall gains³이 증가하는 것을 방치했다.

둘째, 지난 20년 동안의 주택 가격 상승을 설명할 때 가장 중요한 것은 금융 시스템에 대한 전 세계적인 규제 완화로 인해 금융과 주택 가격 사이에 긍정적인 순환 구조(positive feedback cycle, 주택 가격과 금융 활동이 서로를 증폭시키는 순환 구조)가 형성되었다는 점이다. (여기서 positive는 일상에서 사용하는 글자 그대로의 '긍정적인'이라는 뜻이 아니라, 경제학에서 사용하는 기술적 용어로 어떤 변화가 일어나면 그 변화가 더 큰 변화로 이어지게 되는 '자기 증폭' 혹은 '증폭 효과'를 의미한다.) 즉 금융 기관이 주택담보 대출을 늘리면 부동산 가격이 상승하고 그로 인해 주택을 구매하려는 자들은 더 많은 대출을 받게 되면서 또 다시 주택 가격이 상승하는 구조가 반복되는 것을 말한다. 많은 자본주의 국가에서 사람들이 자

---

3 '불로소득', '예상치 못한 소득'이라고도 한다. 땅값 상승으로 인해 토지 소유자가 갑자기 누리게 되는 이익, 복권 당첨, 뜻밖의 상속 등 예상치 못하거나 계획하지 않았던 갑작스러운 재정적 이득이나 수익을 뜻한다.

기 집을 소유하기를 바라게 되자 금융은 부동산에 '중독' 되었다. 이 같은 상황은 경제 이론과 정책 측면에서 은행과 토지의 역할을 제대로 이해하고 반영하지 못한 데서 비롯된 문제라고 할 수 있다.

  이러한 관점에서 볼 때 주택 위기는 단순한 주택 시장 그 이상의 문제라고 할 수 있다. 그것은 현대 자본주의 위기의 '진원지'라 할 수 있다. 이 문제를 종식시키려면 주택 시장과 금융 시스템 규제를 포함한 경제 및 공공 정책 전반에 걸친 과감하고 근본적인 구조 개혁이 필요하다.

2

우리들의 집이
'금융 자산'으로 변모하기까지

집값 상승의 81퍼센트는 땅값 때문

우리가 '집값'에 대해 말할 때 그것은 실제로 무엇을 의미할까? 집값이란 집을 이루고 있는 물리적 구조물의 가격뿐만 아니라 그 아래에 있는 것, 바로 땅의 가격도 포함한다. 앞으로 살펴보겠지만, 땅은 독특한 경제적 특성을 지니고 있는데 바로 경제가 발전할수록 주택의 가치에서 땅(즉 위치 혹은 입지)이 차지하는 비중이 점점 증가하는 추세를 보인다는 점이다. 14개 선진국을 대상으로 실시한 최근의 연구를 보면, 1950년부터 2012년까지 이루어

도표 2-1   미국의 토지, 주택 및 소비자 물가 지수(2000년=100)

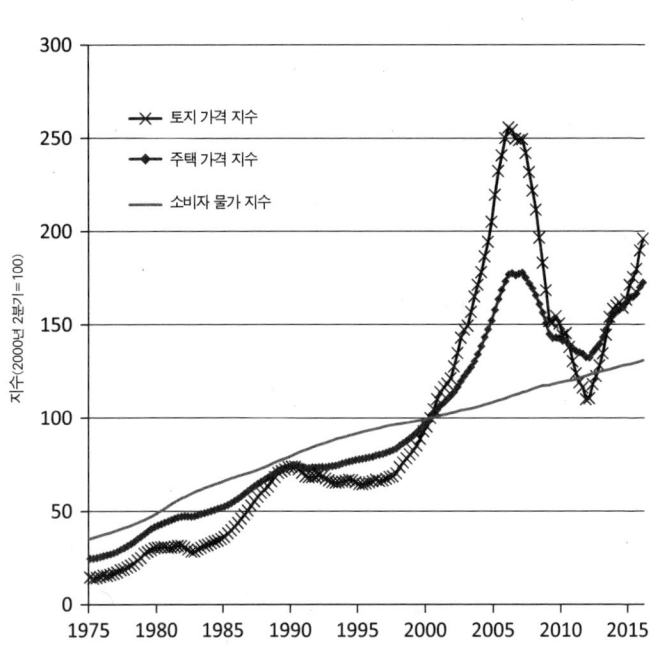

자료 출처: Source: Lincoln Institute of Land Policy, http://www.lincolninst.edu/resources.[1]

진 집값 상승의 81퍼센트는 땅값 상승이 그 원인이며 나머지는 건설 비용 증가가 원인으로 밝혀졌다.[2] 〈도표 2-1〉은 1975년 이후 미국의 땅값, 집값, 소비자 물가 상승을

2000년을 기준 연도로 삼아 지수화해 그래프로 나타낸 것이다. 이 도표는 '땅값의 변화가 집값의 변동을 이끄는' 경향이 있으며, 땅값은 변동성이 커서 더 가파르게 상승하고 하락한다는 것을 보여준다. 실제 미국에서는 1975-2006년 동안 토지 가격은 약 3.7배 상승했고 주택 가격은 약 2배 상승한 것으로 발표되었다. 따라서 주택 구매력 위기를 이해하려면 우리는 '땅의 경제적 역학'을 더 잘 이해해야 한다.[3]

사유지란 법적으로 소유권을 보장받는 개인이나 단체의 토지 또는 부동산을 뜻한다. 오늘날 우리는 주거용 사유지(주택)나 상업용 사유지(상업용 부동산)의 보유를 당연하게 여기지만 이러한 합의가 항상 고정불변의 것은 아니었다. 역사 전반에 걸쳐 토지의 용도와 개발에 관해서는 다양한 법적 규정이 등장해 왔다. 하지만 현대 자본주의 체제와 주류 경제학에서는 '토지 소유권'을 현대 경제의 핵심 항목으로 인정하고 있다.

이와 같은 관점의 기원은 '자연적 재산권natural property rights' 이론을 펼쳤던 영국의 정치철학자 존 로크(John

Locke, 1632-1704년)[4]로 거슬러 올라간다. 그는 사유재산이 국가보다 우선하며 그에 따라 개인의 것은 국가에 종속되지 않는 독립적인 재산이라고 주장했다. 인간이 어떤 것에 노동을 투입하면 그것은 자연 상태에서 벗어나 개선되기 때문에 가치가 높아진다. 이때 개인은 그것에 대한 권리, 즉 재산권을 갖는다는 것이다. 이러한 행위는 불안과 절대군주의 위협에서 벗어나 문명 사회를 형성하는 데 필수적이었다.

그 결과 개인 간에 자유롭게 시장에서 거래하는 것과 사유재산권은 주류 경제학에서 '자연스러운' 것으로 제시되었는데, 이는 특정한 정치적 혹은 사회적 제도에 종속되지 않은 보편타당한 법칙에 근거하기 때문이라는 것이다. 하지만 로크 이후의 고전 정치경제학자들은 '자연법natural law' 주장을 받아들이지 않았다. 흔히 자유주의 경제 사상과 자유방임 자본주의의 창시자로 널리 알려진 애덤 스미스(Adam Smith, 1723-1790년)는 모든 인간이 태어날 때부터 자연적으로 갖는 자연권natural right이라는 개념 자체는 받아들였지만 그 범위를 '자유와 생명'에 한정했다. 반면 재산권은 국가와 그 국가의 형태에 따라 설정되는 '획득된 권리'라고 보았다. 이는 인간의 타고난 권리로서 자유와 생명은 보장되어야 하지만 재산에 대한 권리는 자연 상태에서는 존재하지 않으며 국가나 법률 체계가 만들어 주고 보호해 주어야 하는 후천적인 권리라는 뜻이다.

공급은 한정되어 있고
수요는 계속해서 늘어나는 땅
—

고전 경제학자들은 토지가 자본(기계, 도구, 컴퓨터 등)과 노동(육체적 노력, 지식, 기술 등) 같은 다른 생산 요소들과 구별되는 몇 가지 독특한 특징을 지녔다고 인식했다. 특히 토지는 고정되어 있고, 희소성이 있으며, 재생산이 불가능하다. 그 누구도 토지를 옮길 수 없고 더 생산해낼 수 없다는 것이다.

특정 용도에 사용될 토지의 공급량이 한정되어 있다

는 것은 토지가 표준 경제 이론에 쉽게 들어맞지 않는다는 것을 의미한다. 즉 자유시장에서 가격 메커니즘을 통해 수요에 맞춰 공급이 효율적으로 조정될 수 없다는 것이다. 간단한 예를 들면, 만약 휴대폰에 대한 수요가 증가한다면 휴대폰 제조사들은 수요와 공급이 일치하면서 시장이 '정리되는' 균형점에 이를 때까지 생산량을 늘릴 수 있다. 이때 기업들은 단순히 휴대폰의 가격을 인상할 수도 있지만 그렇게 되면 시장의 경쟁 논리에 의해 일부 소비자들이 다른 브랜드의 휴대폰을 선택할 수도 있는 위험에 직면할 수 있다. 따라서 시장에서의 경쟁은 수량과 가격 사이에 효율적인 균형을 형성하기 마련이다.

하지만 토지의 수량은 휴대폰의 수량과 달리 늘릴 수가 없다. 토지에 대한 수요가 증가하면 공급은 늘리지 못하기 때문에 가격만 상승하게 된다. 다른 모든 조건이 동일하다면, 이것은 토지에 대한 수요의 증가는 토지라는 상품에 대한 공급량을 늘리지는 못한 채 오직 가격 상승만 발생시킨다는 것을 의미한다.

결국 누구든 토지에 대한 수요가 증가하는 지역에 토

지를 보유하고 있는 사람은 경제적으로 특별한 위치에 놓이게 된다. 이처럼 희소한 자원에 대한 소유권을 갖고 있으면 그 소유주는 소위 고전 경제학자들이 '경제적 지대economic rent'[4]라고 말하는 추가적인 불로소득을 얻을 수 있다. 가령 토지 소유주는 사회나 다른 경제 주체들이 주변의 교통 환경을 개선한다거나 우수한 학교가 들어서게 한다거나 혹은 근사한 레스토랑을 오픈하는 등 토지의 가치를 올리는 행동을 할 때 이를 통해 추가적으로 수익을 더 올릴 수 있다.

아직 경제적으로 활용되지 않는 공터가 많다 하더라도 도심지같이 경제적으로 생산성이 더 뛰어난 입지는 상대적으로 드물기 때문에 그곳 토지에서 경제적 지대는 충분히 발생할 수 있다. 각각의 입지 혹은 위치는 나름의 고유성을 지니기 때문에 애덤 스미스가 그의 저서 『국부론The

---

[4] 공급이 제한적이고 희소한 자원을 보유한 사람이 직접 노력하거나 생산에 기여하지 않았는데도 자연적, 사회적 조건 덕분에 얻는 수익을 뜻한다. 불로소득의 대표적인 형태로, 단순한 임대료뿐만 아니라 희소한 자산을 독점함으로써 얻는 '초과 수익'을 포괄적으로 의미한다.

Wealth of Nations』에서 인정했던 것처럼 모든 토지에 대한 통제권은 본질적으로 독점적인 성격을 지닌다.[5] 결국 토지 소유주들은 자신의 토지를 사용해야만 하는 사람들에게 과도한 수익(임대료 등)을 요구할 수 있다.

고전 경제학자들과 헨리 조지(Henry George, 1839-1897년)[6] 같은 후기 경제학자들은 경제적 지대를 추출해 내는 능력이 경제 발전을 위협할 수 있다고 우려했다. 경제가 성장하면 토지 소유주들은 노동자, 작은 가게 주인, 제조업자 같은 세입자들이 창출하는 모든 추가적 가치를 자신들이 흡수하기 위해 그들에게 부과하는 지대, 즉 임대료 등을 인상할 수 있다. 그렇게 되면 세입자들이 생산적인 자본 투자와 직원들의 급여에 사용할 이윤의 비중이 급격하게 줄어들어 경기침체, 불평등, 실업률 증가가 일어나게 된다. 다시 말해, 경제적 지대는 생산적 투자와 소득을 '억누를' 수 있다.

고전 경제학자들이 이 문제를 해결하기 위해 선호한 정책은 경제적 지대에 '세금을 부과'하는 것이었다. 이 방식은 노동을 통해 벌어들이는 소득이나 기업의 이윤에 과세하는 방식보다 경제적으로 더 효율적이었다. 근로소득이나 이윤에 세금을 매기면 생산 활동이 위축되기 때문이다. 대신 대규모 경제 공동체의 투자로 인해 아직 개발되지 않은 토지의 가치가 상승할 경우 그 토지에 대해 정기적으로 세금을 부과하면 토지 소유주들이 경제적 효율을 극대화하는 방식으로 토지를 사용하도록 유도할 수 있다고 보았다. 이때 국가는 사유재산 제도가 경제적 지대를 통해 경제 발전을 저해하지 않도록 하면서 시장을 형성하는 중요한 역할을 담당한다. 실제로 토지에 부과하는 세금, 즉 재산세는 18세기와 19세기에 미국과 유럽 국가들의 주요 재정 수입원이었다. 하지만 이런 견해는 19세기 후반으로 접어들면서 전면에 나서는 '신고전파neoclassical' 경제학자들의 주목을 받지 못했다.

신고전파 경제학자들은 경제를 시장 거래를 통해 형성된 객관적이고 보편적인 규칙에 따라 작동하는 '자기 균형 시스템'으로 이해하는 것이 가장 적당하다고 믿었다. 이 학파를 대표하는 당대 최고의 경제학자 중 한 명으로 손꼽히는 미국의 존 베이츠 클라크(John Bates Clark,

1847-1938년)는 영국의 경제학자인 데이비드 리카도(David Ricardo, 1772-1823년)의 '지대법칙law of rent'[5]이 자본과 노동에도 동일하게 적용된다고 주장했다. 장기적으로는 자본과 노동 같은 생산 요소들이 본질적으로 어떤 속성을 지니는지는 별로 중요하지 않으며, 차라리 그것들을 "기업가들이 추상적으로 이해하는 것처럼, 생산적 용도로서의 가치의 총액, 즉 가치 자금fund of value으로 보는 것이 더 낫다. …… 이런 자금들의 수익은 각각 토지의 산출물과 같은 차등적 이익differential gain을 구성한다"[7]는 것이다.[6] 이는 생산 요소들의 내재적 특성 자체보다는 그것들을 경제 활동에 투입했을 때 생기는 '가치의 합계'가 중요하며, 이것이 토지로부터 얻는 지대와 유사한 개념의 차등적 이익을 창출한다는 의미다.

5 동일한 노동과 자본을 투입했을 때 더 많은 생산물을 얻을 수 있는 토지가 더 높은 지대를 낳는다는 원리를 말한다.
6 리카도의 분배 이론을 설명하는 것으로, 토지와 자본, 노동이 생산에 기여하는 방식은 다르지만 각각의 요소가 생산성의 차이에 따라 초과 수익을 창출할 수 있고 그 초과 수익은 지대, 이윤, 임금 등의 형태로 분배된다는 점을 설명하는 것이다.

클라크는 토지, 노동, 자본재(capital goods, 다른 재화를 생산하기 위해 사용되는 생산재 중 토지와 노동 이외의 재화)를 넘나들 수 있는 '순수 자본pure capital'이라는 포괄적인 자금의 개념을 발전시켰다.[7] 다소 모호한 이 개념은 한계생산성 이론으로 발전했다. 이 이론에 따르면 '단기에는' 대체로 일부 생산 요소들이 고정되어 있다고 가정하기 때문에 토지는 여전히 중요하다. 여기서 단기short run라는 것은 경제 활동에서 어떤 생산 요소들을 바로 조정하거나 늘리기 어려운 기간을 말한다. 예를 들어 공장이나 토지는 단기간에 쉽게 늘리거나 줄일 수 없다. 반면 노동은 상대적으로 빠르게 조정할 수 있다. 따라서 새로운 수요나 기술 변화에 대처하기 위해 새 공장을 건설해 신제품을 빨리 개발해야 할 때 당장 공장 부지용 토지를 확보하는 것은 어렵기 때문에 단기적으로 토지의 가용성이 기업이나 경제 활동에서 매우 중요하다는 뜻이다.

[7] 클라크는 자본을 단순히 기계나 건물 같은 물리적 자산으로 보지 않고 생산에 투입될 수 있는 가치의 추상적 총합으로 보았다. 이 자본은 토지, 노동, 자본재 등 다양한 생산 요소로 자유롭게 전환될 수 있다는 뜻이다.

하지만 경제에서 모든 생산 요소들을 얼마든지 늘리거나 줄일 수 있는 충분히 긴 기간을 뜻하는 '장기long run'의 측면에서는 모든 생산 요소들의 공급량을 조정할 수 있기 때문에 모두 동일한 가변적인 한계 수익을 갖는 것으로 간주된다. 이는 경제가 장기적으로 균형 상태에 도달할 때 생산 요소들이 얼마나 투입되어 최적의 생산 수준을 이루는지를 설명하는 데 중요한 개념이다.

20세기 초에 영국과 미국의 경제학자들은 클라크의 이론을 채택해 포괄적인 소득 분배와 경제 성장 이론으로 발전시켰는데 이는 결국 앞선 고전 정치경제학 접근법을 대체하게 되었다. 클라크의 연구는 로이 해로드(Roy Harrod, 1900-1978년)와 이후 로버트 솔로우(Robert Solow, 1924-2023년)가 발전시킨 신고전학파의 획기적인 '두 요소two-factor 성장 모델'(자본과 노동의 조합이 경제 성장을 결정한다는 것)의 근간이 되었다. 하지만 이런 거시적 경제 모델에서 입지적 공간locational space으로 정의되는 토지는 배제되었다.

입지를 둘러싼 경쟁,
그리고 그 가운데 놓인 우리들의 집

―

현실에서 토지와 자본은 근본적으로 구분되는 속성을 갖고 있다.[8] 이것을 인정하지 않으면 이후의 그 어떤 이론도 잘못될 수밖에 없다. 토지는 사라지지 않으며 생산되거나 증식될 수 없으며 소모되지도 않고 감가상각이 일어나지도 않는다. 이런 특징들은 자본에는 전혀 해당되지 않는다. 자본재는 인간이 생산하며, 쉽게 복제할 수 있고, 물리적 마모와 기술혁신으로 인해 컴퓨터나 휴대전화의 경우처럼 시간이 흐를수록 가치 하락이 이루어진다.

   클라크와 그의 추종자들은 시간의 흐름에 따른 변화(동태성)의 복잡성을 제거하면 경제의 진정한 혹은 순수한 작동 방식이 더 명확하게 드러날 것이라고 주장했다. 그 결과 미시경제 이론은 일반적으로 동태 관계보다 공존 관계나 비교정태 분석comparative statics을 다루었다. 여기서 비교정태 분석이란 특정 시점에서 노동과 자본이 어떻게 결합되어 산출물을 만드는지를 분석하는 것을 말한다. 이로 인해 시간에 따른 생산 요소의 변화와 같은 동태적 특성보다 특정 시점의 정적인 관계에 집중하다 보니 자본의 지속적인 생성과 소멸(예를 들면 새 기계의 구입과 이후 시간이 흐르면서 기계가 노후화되는 현상 등), 토지의 감가상각되지 않는 특성은 소홀히 여겨졌다.

  토지의 가치는 경제 주기와 금융 주기에 따라 변하기도 하지만, 혹자는 그런 주기를 이끈다고 말하기도 하지만, 장기적으로 보면 자본처럼 감가상각이 일어나지도 않고 오히려 가치가 상승한다. 이것은 생각해 보면 매우 당연한 일이다. 인구가 증가하면 경제가 성장하고 자본재의 총량도 늘어나지만 토지는 여전히 고정되어 있다. 즉 본질적으로 한정된 자원으로 공급량이 늘어나지 않는다는 것이다. 결국 토지의 가치는 이를 상쇄하는 시장 외적 개입이 이루어지지 않는 한 상승할 수밖에 없다.

  실제로 경제가 성숙해질수록 다른 소비재들에 비해 토지에 대한 수요가 증가한다는 주장은 설득력 있다. 땅은 '위치재'[8](positional goods, 지위재라고도 한다)이며 그것에 대한 욕구는 사회에서 다른 사람들과 대비되는 개인의 지위

와도 연관되기 때문에 다른 재화들처럼 한계효용체감의 법칙(한 단위 더 가질수록 느끼는 만족도의 감소)이 적용되지 않는다. 기술의 발전으로 자동차, 가전제품, 디지털 기기 같은 소비재의 가격이 하락하면서 '가장 가치 있는 입지'(즉 토지)를 둘러싼 경쟁은 더 치열해지고 그만큼 사람들의 소득에서 차지하는 비중도 점점 더 커진다.

또한 주택과 입지는 두 가지 경제적 기능을 수행하기 때문에 다른 형태의 자본과도 차이가 있다. 주택은 우리에게 일정한 서비스, 즉 주거 공간, 직장과 편의시설에 대한 접근성, 가족을 부양할 장소 등을 제공하는 '소비재'이기도 하지만 동시에 '금융 자산'이자 '가치 저장 수단'이기도 하다. 실제로 주택은 선진국의 국민들이 보유한 자산 중 '가장 큰 단일 자산'이다. 이 두 기능은 특정한 상황에서는 서로 보완적일 수 있다. 하지만 주택 가격과 토지 가치가 우리의 소득 수준을 초과해 상승하면 금융 자산으

---

8 사회적 지위나 타인과의 비교를 통해 가치가 결정되는 재화를 의미한다. 내재적 가치보다 상대적 위치가 중요하며, 품질이나 기능보다 누가 그것을 소유하고 있는지, 얼마나 희귀한지에 따라 더 큰 가치를 부여한다.

로서 주택을 구입하려는 사람들의 수요가 폭발하게 되어 투기적 성격을 띠게 된다. 그 결과 대다수의 시민들이 주택을 소비재로서 이용하기가 훨씬 어려워진다.

1970년대보다도 낮아진
21세기의 자가주택 보유율
—

"내 집". 이것은 흔히 사용되는 문구이며 편안함, 소속감, 안정감 같은 긍정적인 의미를 담고 있다. 실제로 주택 보유는 서구 민주주의 국가들, 특히 앵글로-색슨계 국가들에서 권리까지는 아닐지라도 점점 더 일종의 기대처럼 여겨지고 있다. 사람들의 이와 같은 기대는 정부가 공공 정책과 조세 정책 그리고 금융 규제 등에 중대한 변화를 가하면서 뒷받침해 주었다.

하지만 항상 그랬던 것은 아니다. 〈도표 2-2〉에 나타난 것처럼 영어권 자유시장 경제 국가들에서 대다수의 시민들이 자신의 집을 소유하게 된 것은 제2차 세계대전 이후

도표 2-2 앵글로-색슨계 국가들의 주택 보유율(전체 가구 대비 비율)

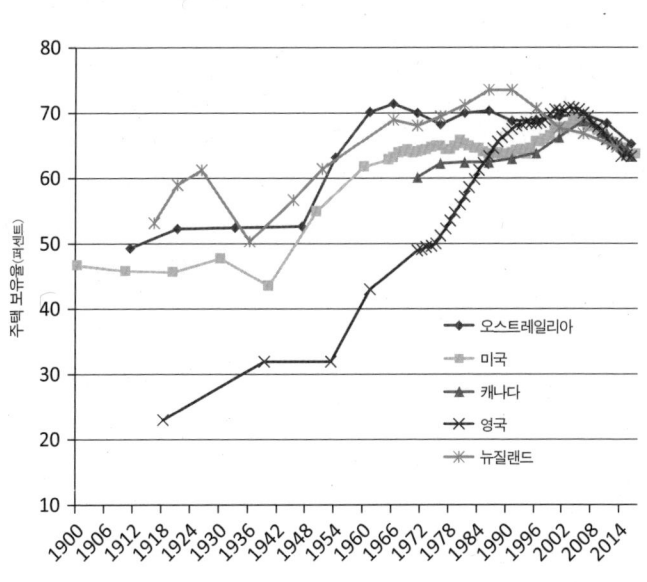

자료 출처: 미국 인구조사국, 영국 가계조사국, 오스트레일리아 인구조사국, 뉴질랜드 통계청, 캐나다 통계청

부터였다. 당시 이런 현상이 일어나게 된 주요 원인 중 하나는 정부가 광범위한 주택 보유를 정책 목표로 우선시한 것이 바로 이때부터였기 때문이다.

영국을 포함한 서유럽은 미국, 캐나다, 오스트레일리

아, 뉴질랜드 같은 드넓은 땅을 가진 개척자 사회보다 자유롭게 이용할 수 있는 토지가 적었기 때문에 1970년대에 이르러서야 주택 보유가 지배적인 주거 형태가 되었다. 현재 선진국 전체의 평균 주택 보유율은 약 64퍼센트 수준이다.[9]

하지만 〈도표 2-2〉에 나타난 것처럼 영국을 제외한 앵글로-색슨계 자유시장 경제 국가들에서는 주택 보유율이 이미 1970년대 초반에 60-70퍼센트 수준에서 정체되기 시작하면서 상승세가 둔화된 것으로 보인다. 미국의 주택 보유율은 2004년에 약 70퍼센트로 정점을 찍은 후에 2016년에는 50년 만에 최저 수준(62.9퍼센트)으로 하락했다. 유사한 양상이 오스트레일리아, 영국, 뉴질랜드에서도 확인되고 있다. 그렇다면 선진국들에서 나타난 주택 보유율의 이 같은 증가와 하락은 어떻게 설명할 수 있을까?

제2차 세계대전 종전 후,
정부가 주택 시장을 보호하다

―

제2차 세계대전 이후 서구 민주주의 국가들에서는 전후 재건을 위한 광범위한 노력과 케인스주의[9]Keynesianism 경제 정책으로의 전환을 시행하면서 그 일환으로 국가가 주택 문제에 대해 더 큰 책임을 떠안게 되었다. 여기에는 국가가 공공 지출, 차입, 조세 정책 등을 활용해 경제의 총수요를 관리함으로써 장기적으로 높은 수준의 고용률 혹은 완전 고용을 유지하는 것이 포함되었다. 이러한 수요 관리 정책의 일환으로 점차 주택을 포함한 기본적인 사회적 재화의 '공공 공급'이 강조되었다. 주택에 대한 투자 역시 공산주의의 위협에 대응하기 위해 강력한 복지국가를 건설하려는 보다 광범위한 노력의 일환이었다.

---

[9] 영국의 경제학자 존 메이너드 케인스가 주창한 경제 이론으로, 특히 경기 침체 시 정부의 적극적인 개입을 강조한다. 즉 정부가 재정 정책과 통화 정책을 통해 시장에 적극적으로 개입해 경기 변동을 완화하고 완전 고용과 성장을 도모하는 경제 전략을 말한다.

미국에서는 제2차 세계대전 이후 건설경기가 호황을 누리면서 주택담보 대출 시장이 활성화되었다. 미국은 일반적으로 '큰 정부'에 대한 호감이 가장 적은 나라로 알려져 있다. 그럼에도 미 연방 정부는 〈도표 2-2〉에 나타난 것처럼 미국 국민들의 주택 보유율이 급격히 증가하는 데 핵심 역할을 수행했는데 이는 주로 주택담보 대출에 대한 연방 정부의 금융 지원을 통해 이루어졌다. 오늘날 '패니 메이Fannie Mae'로 더 잘 알려진 연방주택저당공사FNMA는 미 정부가 지원하는 주택 금융 보증 기관으로 대공황 이후 1930년대에 루스벨트 대통령이 뉴딜 정책을 펼치는 동안 설립되었다. 이 기관의 역할은 은행으로부터 연방 정부가 보증한 대출을 매입해 은행들이 위험 부담을 줄이고 주택담보 대출을 늘릴 수 있도록 돕는 것이었다. 1950년대까지 미국 전체 주택담보 대출의 40퍼센트가 이처럼 연방 정부의 보조금이나 보증 제도를 통해 지원받았다.[10] 또한 1940년부터 1960년까지 미국의 젊은 세대 사이에서 일어난 주택 보유 증가의 4분의 1은 연방 정부에 의해 주택담보 대출 조건이 완화되면서 발생한 걸로 설명될 수

있다.[11]

한편 유럽 국가들은 주택, 기반시설, 도시개발 그리고 이따금 고용 및 산업 정책까지 강력한 복지 국가의 일부로 통합하는 정교한 도시 계획을 실행했다.[12] 그 일환으로 일반 상업은행과 달리, 보수적으로 운영되는 독립형 주택담보 대출 전문 금융 기관들에게는 대출 확대가 장려되면서 세금 혜택과 유리한 조건이 제공되었다. 특히 주택담보 대출 시장은 이런 '전문화된 금융 채널' 안에 머무르면서 광범위한 외부 금융 시장(예를 들면 자본시장 같은)과는 분리되어 보호를 받았다. 이는 금융 불안정이나 과도한 위험 확대를 막고 주택 시장의 안정성을 유지하려는 목적에서다. 또한 미국을 제외하면 자가주택 보유는 국가의 지원을 받는 특별히 우대되는 거주 형태가 아니었다. 이는 국가가 주택 보유를 장려하거나 주택 구입 시 보조금을 지원하거나 세금 혜택을 주지 않았다는 뜻이다. 대신 양질의 임대 주택과 공공 주택을 많이 지어 공급했고 세금 또한 특정 거주 형태에 유리하게 부과하지도 않았다.

당시 정부와 주택담보 대출 기관들은 모두 대규모의

표준화된 도시개발에 주력했는데 이는 보다 더 저렴하고 효율적인 민간 및 공공 교통망이 확대되면서 가능했다. 이로 인해 사용할 수 있는 땅도 늘어나면서 소득과 인구의 증가에도 불구하고 땅값 상승이 억제될 수 있었다.[13] 이런 도시개발에는 기업 도시, 정원 도시, 신도시, 유럽의 주택 단지, 미국의 교외 지역 등이 포함된다.

이 같은 개발에서 많은 경우 토지는 개인이 보유하기보다는 공공 기관이나 지방 정부, 협동조합 등 집단이 보유한 형태가 많았다. 이것은 개발을 통한 토지 가치의 상승분, 즉 경제적 지대가 국가 혹은 지방 정부에 귀속된다는 것을 의미했다. 미국의 경우 대규모 주택 공급은 당시 대량 생산과 대량 소비를 결합시키면서 20세기 경제 성장의 기반이 된 '포드주의Fordism' 성장 체제의 중요한 일부였다. 미국에서는 교외 지역이 개발되고 주택 보유가 늘어나면서 자동차와 가전제품 등 가정용 내구재에 대한 수요가 증가했다. 이는 생산과 소비의 순환을 일으키면서 수요를 촉진했다.[14] 각국의 중앙은행과 재무부는 이 시기에 긴밀히 협력하면서 정부와 기업의 투자를 독려하기 위해 정부 부채와 민간 부채에 대한 금리를 낮게 유지해 이런 체제를 지원했다.

신자유주의 시대,
주택을 매력적인 '금융 자산'으로 만들다
—

하지만 1960년대 말, 전후의 경제 성장이 둔화되면서 정부의 적극적인 개입을 주장하는 케인스주의적 합의에 대한 신뢰는 흔들리기 시작했다. 1971년 고정환율제인 브레튼우즈 체제의 붕괴와 그 직후 1970년대 중반의 유가 상승과 인플레이션 충격이 결정타였다. 느슨한 재정 및 통화 정책이 '스태그플레이션stagflation', 즉 경기침체를 동반한 물가 상승과 공공 재정 적자의 증가를 초래한 주된 원인으로 지목되었다. 그러자 1970년대 후반에 통화주의와 신고전주의neoclassical 경제학이 다시 부상했다. 이들 이론에서 비롯된 정책 제안들은 통칭 '신자유주의neo-liberalism'라는 이름으로 알려졌는데, 케인스주의와 반대로 정부의 개입과 세금을 줄이고 금융 및 부동산 부문을 포함한 민간 시장을 자유롭게 풀어주어 경제의 효율성을 높여야 한다고 강조했다. 이때에도 사람들의 주택에 대한 수요는 계속해서 증가하고 있었다.

이러한 흐름에 맞춰 1960년대와 1970년대에 미국, 영국, 오스트레일리아 등과 같은 앵글로-색슨계 자유시장 국가들에서는 임대 주택이나 공공 주택 같은 거주 형태보다 자가주택 보유에 우호적인 쪽으로 정책의 방향을 전환하기 시작했다. 예컨대 영국에서는 1963년에 '스케줄Schedule A' 소득세, 즉 귀속 임대소득imputed rent[10]에 부과하던 세금을 폐지했다. 1965년에는 양도소득세를 도입했지만 자신이 주로 거주하는 주택일 경우에는 일정 조건을 충족하면 아예 부과하지 않았다. 이런 조치로 인해 개인 부동산은 순식간에 주식이나 저축보다 훨씬 더 매력

---

10 '가상 임대소득' 혹은 '추정 임대소득'이라고도 한다. 직접 임대료를 받지 않아도 그 부동산에서 발생하는 경제적 이익을 임대료 형태로 간주하여 소득으로 보는 것이다. 특히 자신의 집에 직접 거주하는 경우에도 만약 그 집을 임대한다면 받을 수 있는 임대료를 추정하여 소득으로 간주하는 것이다. 일부 국가에서는 이 소득에 대해 세금을 부과하기도 한다.

적인 '투자 대상'이 되었는데, 그 이유는 주식과 저축 상품에는 무거운 세금이 부과되었기 때문이다.

재산세도 낮게 부과하고
양도소득세도 감면해 주는 미국

미국에서는 20세기 동안 조세 제도가 다른 경제 활동을 하는 것보다 부동산을 보유하는 것이 훨씬 더 이득이 되도록 구조적으로 개편되었다. 1930년대 이전까지만 해도 재산세는 주 정부와 지방 정부 세수의 약 3분의 2를 차지했다. 하지만 점차 세금의 향방이 부동산에 부과하는 것에서 소득세와 소비세(consumer taxes, 소비자가 상품이나 서비스를 구매할 때 부과되는 세금)의 비중을 늘리는 쪽으로 옮겨갔다. 즉 소비자에게 세금을 전가한 것이다. 현재 미국에서 재산세는 주 정부와 지방 정부의 세수에서 고작 20퍼센트만을 차지하고 있다.[15]

제2차 세계대전 기간에는 연방 정부가 소득세를 원천 징수하는 새로운 방식이 도입되면서 세금을 훨씬 더 쉽게 징수할 수 있게 되었다. 이는 연방 정부가 재정 권한과 수입을 더 강하게 장악하는 계기가 되었고 이로 인해 재정 권력이 '중앙 정부'로 집중되는 현상이 가속화되었다.[16] 또한 자동차 산업이 급격히 성장하면서 주 정부들도 재산세 대신 판매세와 유류세로 세수의 초점을 바꾸기 시작했다. 반면 재산세 부과와 징수는 여전히 '지방 정부'의 권한과 책임하에 이루어지는데 급여에서 조금씩 떼가는 방식이 아니라 한 번에 큰 금액을 일시납 형태로 납부해야 했다. 하지만 〈도표 2-3〉에 나타난 것처럼, 1950년대부터 1980년대까지만 보더라도 재산세가 전체 지방세와 전체 세수에서 차지하는 비율은 감소했다.

1970년대 이전까지 미국에서 재산세는 일반적으로 부동산의 시장 가치 상승에 연동되어 부과되었다. 즉 부동산 가치가 크게 상승하면 그만큼 재산세도 많은 금액을 부과했다. 그 재산의 용도가 무엇이든, 소유주가 누구든 상관없었다. 하지만 1970년대에 미국의 여러 주에서는 재산세 인상의 연간 한도를 제한하는 법률을 제정하기 시작했다. 대체로 연간 인상폭을 일괄적으로 2퍼센트, 3퍼센트 등 일정 비율로 고정하거나 아니면 해당 연도의 물

도표 2-3　**1952년부터 1995년까지 미국 재산세 비중의 감소**
(전체에서 차지하는 비율)

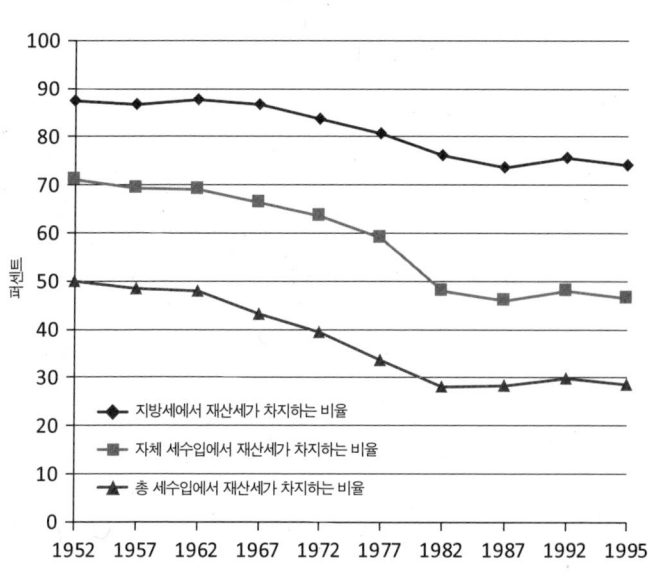

자료 출처: A.D. Sokolow, '변화하는 재산세와 주-지방 관계'. *Publius: The Journal of Federalism* 28 (1998): 165-87, 168.

가 상승률이 2퍼센트라면 그해 재산세 인상폭도 2퍼센트에 맞추는 식으로 해마다 변동 가능한 한도를 제한했다.[17]

대표적인 사례로 1978년에 캘리포니아 유권자들이 주민투표를 통해 채택한 '주민발의안Proposition 13호' 법안을 들 수 있다. 이 법안은 소유권이 변경되기 전까지 재산세율을 부동산 평가액의 1퍼센트 이하로 제한하고 부동산 평가액의 연간 인상폭도 최대 2퍼센트로 제한했다. 같은 부동산이라도 소유자가 바뀌지 않으면 과세 기준이 일정하게 유지됨으로써 재산세 부담 증가를 크게 제한한 것이다. 그 결과 예전에는 부동산 가치를 기반으로 공평하게 세금이 부과되었지만, 이 법안으로 인해 재산세 부과 조건이 더욱 완화되면서 부동산의 종류나 용도 및 소유주의 특성에 따라 다르게 부과되는 분류별 면제 조항 같은 항목이 추가로 도입되었다.

부동산이 사용되는 다양한 용도에 따라 경제적 가치에 차이가 난다는 주장은 분명 설득력 있다. 하지만 실제로 재산세 부과를 위한 부동산 분류 체계는 그 어떤 경제적인 객관적 차이보다도 해당 부동산 소유자들의 정치적 영향력을 훨씬 더 뚜렷하게 반영하는 모습을 보여 왔다. 일반적으로 소유자들의 정치적 힘이 더 센 주거용 부동산과 농지는 공공시설보다 재산세율이 낮게 책정되었다.[18]

1942년부터 1995년까지 미국에서 개인이 납부한 양도

소득세의 최고 세율은 평균 27퍼센트였는데 이는 소득세 최고 세율인 70퍼센트와 대비된다. 마찬가지로 기업의 경우도 최대 양도소득세 세율은 28퍼센트였던 반면 기업의 이윤에 대한 최고 세율은 45퍼센트였다.[19] 또한 미국 세법에서는 투자자가 부동산을 매각한 후에 그 금액을 기존의 부동산과 동일하거나 더 큰 규모의 부동산 구입에 재투자한다면 양도소득세의 납부를 유예해 주었다.

**세금 혜택으로
주택을 '투자의 대상'으로 만들다**

부동산이 미국에서 더욱 선호되는 또 다른 이유는 미국 회계 기준에서는 토지의 가치 상승이 인식되지 않기 때문이다. 이 말은 토지 가치 상승분은 회계상 장부에 반영되지 않는다는 뜻이다. 또 미국 세법상 부동산은 감가상각 자본 자산, 즉 건물이나 기계 등과 같이 시간이 지나면 가치가 하락하는 자산과 동일한 취급을 받는다. 하지만 실제로 부동산을 구성하는 한 축인 토지는 시간이 흐르면서 오히려 가치가 상승하기 때문에 감가상각 대상이 될 수 없다. 이는 결국 땅값은 여전히 오르고 있는데도 세제상으로는 가치가 줄고 있다고 판단해 비용 측면에서 세금 공제 혜택을 준다는 의미다. 또한 소득 측면에서 볼 때 부동산은 실제 현금흐름을 일으키지는 않지만 가상의 소득 흐름, 즉 앞에서도 언급한 귀속 임대소득(혹은 추정 임대소득)을 발생시킨다. 따라서 부동산으로 벌어들이는 소득 중 과세 대상은 이 가상의 소득에서 감가상각비[11]를 차감한 금액이 된다. 여기에는 토지 가격 상승분에 대해서는 과세하지 않겠다는 뜻이 숨어 있다.

토지는 일반적으로 도시화, 인구 증가, 경제 성장 등의 영향으로 그 가치가 상승하는 속도가 토지 위에 세워진 건물 등과 같은 물리적 구조물의 가치 하락 속도보다 빠르기 때문에 부동산 가치는 당연히 상승하기 마련이다. 이 말은 즉 실제 부동산 전체 가치의 상승은 '토지 가치 상승' 때문에 발생하는 경우가 많음을 의미한다. 그런데

---

11 공장이나 기계 등 유형의 자산을 사용하는 동안 시간이 흐르면서 그 자산의 가치가 감소하는 부분을 비용으로 인식하는 것으로, 이를 통해 매년 일정 부분을 비용 처리하여 손익 계산에 반영한다.

도 미국의 부동산 소유주들은 토지에 대해서도 감가상각비를 비용으로 인정받아 세금을 줄일 수 있었고, 부동산 가치 상승으로 인한 양도소득세 납부 또한 유예하거나 피할 수 있었다.

이와 같은 세금 정책의 변화로 인해 미국에서 주택은 주거와 안전을 제공하는 '소비재'인 동시에 점점 더 매력적인 '금융 자산'이 되었다. 특히 급속한 성장이 일어나고 있는 도시의 주택 보유자들은 단지 경제적 성장과 투자가 활발한 지역에 부동산을 보유하고 있다는 단순한 이유만으로 상당한 자본 이득을 거둘 수 있었다. 하지만 당시에는 주택 소유에 대한 열망도 커지고 소득 또한 계속 증가하는 상황이었기 때문에 이러한 변화에 저항하거나 반대할 정치적 세력이 거의 없었다.

'주택의 상품화'에 동조하는 정부

1980년대 초반 신자유주의 정책이 앵글로-색슨계 국가들에서 더 깊이 뿌리를 내리게 되자 각국 정부는 저렴한 주택과 주택 관련 금융을 직접 제공하는 역할에서 물러나기 시작했고 대신 시장이 더 큰 역할을 맡도록 유도했다. 신자유주의 시대에는 개인의 주택 보유를 장려하여 자가주택 보유는 임대 주택이나 공공 주택보다 선호되는 주거 형태가 되었다. 이제 정부는 직접 주택을 공급하거나 토지를 제공하거나 혹은 주택 사업에 보조금을 지원하거나 투자하는 등의 정책에서 벗어나, 주택 구매를 원하는 사람들에게 금융 지원이나 세제 혜택 등 재정 지원을 하는 쪽으로 방향을 바꾸어 주택 수요 확대에 집중했다.

 당시에는 정부나 국가 기관이 소유하고 관리하는 공공 주택을 세입자들에게 종종 할인된 가격으로 판매하는 전략이 인기를 끌었다. 이 방식은 개인이 저렴한 가격으로 주택을 구입할 수 있는 기회를 제공해 주택 보유율을 높여 유권자들의 지지를 얻는 동시에 공공 지출, 특히 공공 주택에 대한 정부의 유지보수 비용을 절감하는 효과가 있었다. 가장 대표적인 사례가 영국이었다. 당시 수상인 마거릿 대처가 내세운 자유 사회 비전의 핵심 요소는 '주택 소유 민주주의home-owning democracy'에 대한 약속이었다.[20] 여기에는 시민들이 자신의 주택을 보유함으로써 개인의 재산이라는 사회적 지분을 획득해 스스로 국가의 권력과 간섭에서 벗어날 수 있다는 메시지가 담겨 있었다.

1980년에 영국 보수당은 '거주자 우선 매입권Right-to-Buy' 법안에 따라 150만 채의 공공 주택을 개인에게 매우 낮은 가격으로 매각했는데, 이것은 역사상 가장 극적인 공공 주택의 민영화 사례로 그 거래 규모만 봐도 처음 25년 동안 400억 파운드(약 75조 원)에 달했다.[21] 하지만 제2차 세계대전 이후 국가가 투자한 대규모 공공 주택 사업을 매각해 얻은 이 막대한 자금은 더 많은 사회주택social housing[12] 건설에 투자하도록 지방 정부에 제대로 배분되지 않았다. 20퍼센트 정도만 새 사회주택 건설 등에 쓸 수 있었고 나머지는 부채 상환 등 중앙 정부가 지정한 용도에 사용하도록 했다. 사실 대처 집권 1기에 삭감된 정부

---

12 정부 주도의 공공 주택과 달리, 영국에서 사회적 약자나 저소득층을 위해 지방 정부나 공공 기관에 등록된 민간 임대 주체가 소유하고 운영하는 저렴한 주택을 말한다.

예산의 4분의 3은 주택 예산 항목에서 이루어졌다. 결국 이로 인해 국가의 주택 공급 체계는 붕괴되었고 민간 영역 또한 그 수요를 감당하지 못하게 되면서 신규 주택 건설이 급격히 감소하는 결과가 초래되었다.

다른 국가들의 경우에는 정책이 다소 미묘한 방식으로 시행되긴 했지만 그래도 '주택의 상품화'와 '토지 임대료의 민영화'라는 방향성은 동일했다.[22] 많은 국가들에서 세입자 보호법과 임대료 규제법이 폐지되면서 임대료는 상승하고 세입자들의 퇴거는 증가했다.[23] 지방 정부는 저렴한 주택 공급에 대한 책임을 더 많이 떠안게 되었지만 정작 그것을 실행할 예산은 줄어들었다. 유지와 보수에 필요한 자금이 삭감되면서 남아 있는 공공 주택의 상태 또한 악화되었고 그로 인해 공공 주택 단지는 대중적, 정치적 인식 속에서 점점 더 부정적인 이미지로 낙인찍히게 되었다.

이처럼 국가가 저렴한 주택 공급을 줄이고 토지 공급 또한 축소한 상황에서도 개인의 주택 소유에 대한 수요는 여전히 높았는데 이는 주택이 보다 더 매력적인 금융 자산으로 여겨졌기 때문이다. 그 결과 앵글로-색슨계 국가들에서 집값은 자연히 상승할 수밖에 없었다. 그러자 대규모의 공공 재정 적자를 안고 있는 상황에서 정부는 국민들이 주택을 구매할 수 있도록 새로운 자금 조달 방안을 마련해야 한다는 압박감에 시달렸다. 이에 대한 해결책은 은행으로 눈을 돌리는 것이었다. 하지만 그 과정에서 정치인들은 '주택과 금융 간의 새로운 역학관계'를 만들어 냈고 그 관계가 자본주의 경제를 지배하면서 결국 집값을 더욱 끌어올리는 원인이 되었다.

3

주택담보 대출은
어떻게 전 세계적인
폭발력을 갖게 되었을까

**대출 증가만으로도
집값이 상승할 수 있을까**

—

집값이 자신의 소득보다 더 빠르게 상승하면 내 집 마련은 점점 더 어려워진다. 주택담보 대출은 이러한 간극을 메우면서 가계가 내 집 마련을 위해 오랫동안 아끼고 저축을 하지 않아도 주택을 구매할 수 있게 도와준다. 하지만 여기에는 부작용도 따른다. 은행은 대출을 실행하는 순간 새로운 돈을 '창출'하는 셈이다. 이때 빌려준 대출금은 은행의 '자산'으로 잡히고, 대출받는 사람의 계좌로 입금되는 돈은 고객의 새로운 예금으로 인식해 은행의 '부채'로 잡힌다. 즉 대출금을 내주면 은행 입장에서는 자산과 함께 부채도 동시에 생기는 것이다.[1] 단 한 푼도 경제의 다른 곳에서 차입되지 않는다. 이 순간 은행의 가장 큰 한계는 그 대출이 반드시 상환될 것이라는 그들의 '자신감'이다.

만약 주택을 담보로 해서 받은 대출금이 새로운 주택을 짓는 데 사용된다면 새롭게 창출된 그 돈은 경제 활동에 기여할 수 있다. 하지만 대부분의 경우에 주택담보 대출은 '기존의 토지'에 있는 '기존의 부동산'을 구입하는 데 사용된다. 은행의 지원을 받은 가계들이 기존의 부동산을 매입하기 위해 서로 경쟁하게 되면 결국 토지와 주택의 가격은 상승하게 된다. 가격이 상승하면 주택담보 대출에 대한 수요는 다시 늘어나고 그로 인해 주택 가격은 더욱 상승하면서 주택과 금융 간의 반복적인 순환이 지속된다.

주택 시장과 금융 간의 이런 순환은 다른 모든 조건이 동일할 때 특정 상품에 대한 공급이 증가하면 가격은 하락한다는 표준 경제 이론에 역행한다. 앞서 제2장에서도 살펴본 바와 같이, 일반적인 상품은 수요와 공급이 정확히 일치할 때 균형 가격에 이르게 된다. 하지만 은행 대출과 토지는 일반 상품과는 크게 다른 두 가지 특성을 갖고 있다. 즉 은행 대출은 매우 탄력적이어서 사실상 수요가 증가하면 계속해서 공급해줄 수 있는 반면, 토지는 본질적으로 그 희소성 때문에 비탄력적이어서 수요가 증가해도 공급이 제한적이라는 것이다.

〈도표 3-1〉은 1870년 이후 선진국들의 실질 주택 가격(real house price, 물가 상승률을 반영한 실제 구매력 기준의 주택 가격)과 GDP 대비 주택담보 대출 비율의 변화를 보여준다. 1960년까지는 인구와 소득의 증가에도 불구하고 주택 가격에는 거의 변화가 없었다. 하지만 이후 1960년대부터 1990년대까지 부동산 관련 세금의 인하, 국가 주도의 저렴한 주택 공급 감소, 주택담보 대출의 점진적 확대 등으로 인해 주택 가격은 약 65퍼센트 상승했다. 더욱 주목할 만한 변화는 지난 20년 사이에 일어났다. 실질 주택 가격이 다시 50퍼센트나 상승한 것이다. 이 시기에 실질

도표 3-1　1870년 이후 선진국들의 주택담보 대출과 주택 가격

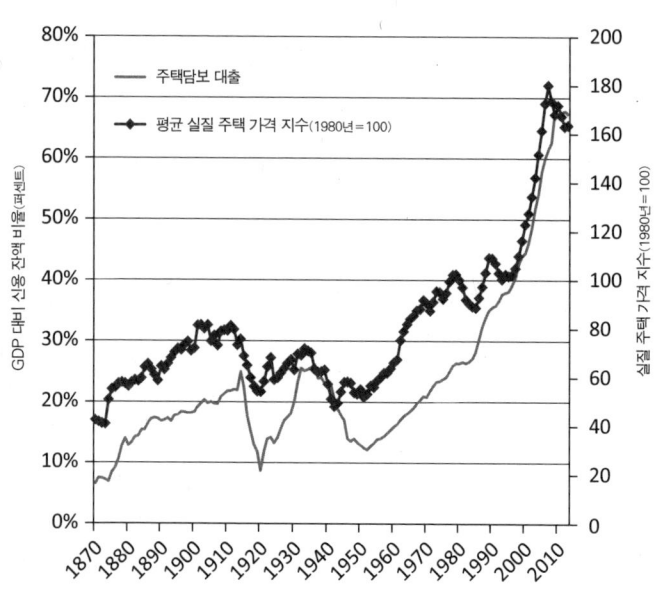

자료 출처: Ò. Jordà, M. Schularick 및 A. M. Taylor, '거시금융 역사와 새로운 경기순환의 사실들'. *NBER Macroeconomics Annual* 31 (2017): 213-63; K. Knoll, M. Schularick, T. Steger, '주택만한 가격은 없다: 세계 주택 가격, 1870-2012'. *American Economic Review* 107 (2017): 331-53.

평균소득(real average income, 물가 상승률을 반영하여 계산한 평균소득)은 거의 정체되어 늘지 않았지만 주택담보 대출은 기하급수적으로 증가했다. 1990년대 이후로 두 변수, 즉 주택 가격과 주택담보 대출 간에 분명한 상관관계가 나타

나고 있는 것이다.

은행의 대출 증가가 실제로 주택 가격을 상승시키는지와 관련해서는 상관관계와 달리 '인과관계'를 입증하는 것은 어렵다. 은행의 대출은 본질적으로 대출을 받고자 하는 가계가 늘어나면, 즉 수요가 늘면 늘어나고 수요가 줄면 줄어들기 때문이다. 게다가 그 수요 자체는 경제 전반에서 일어나는 상황, 이를테면 가장 대표적으로는 소득의 증가, 인구 증가에 비해 부족한 신규 주택의 공급 같은 요소에 의해 좌우된다.

은행의 대출 증가만으로 주택 가격이 상승하는지 확인할 수 있는 한 가지 방법은, 특정 집단 내에서 주택에 대한 수요가 동일할 때 그 수요와 무관한 다른 요인이 은행 대출을 증가시킨 자연실험natural experiment[13] 사례를 찾아 비교해 보는 것이다. 이때 금융에 대한 '규제' 혹은 '규제 완화'는 주택 수요와 무관한 요인으로 볼 수 있다. 왜

---

13 사회과학이나 경제학에서 실제 실험이 어려운 환경에서 우연히 생긴 변화, 예를 들면 정책 변경이나 자연재해 등을 통해 두 집단 간 또는 시간에 따른 차이를 관찰한 현실 데이터를 활용해 인과관계를 추론하는 방법을 말한다.

냐하면 그것은 시장이 스스로 만든 경제적 현상이 아니라 정부나 정책 결정권자들이 인위적으로 만든 정치적 요소이기 때문이다. 따라서 규제 도입 혹은 규제 완화는 '주택수요'와 무관하게 은행 대출의 공급을 변화시키는 요인이 될 수 있다.

이를 실제 사례를 들어 살펴보자면, 1980년대에 주택 담보 대출 시장에 대해 규제 완화를 시행했던 앵글로-색슨계 국가들은 그렇지 않은 국가들보다 대출이 증가하면서 주택 가격이 더 빠르게 상승하고 변동성도 훨씬 더 컸다. 물론 그 이유가 오직 은행의 대출 증가 때문이라고만 볼 수는 없다. 여기에는 여러 다른 변수들이 작용했을 가능성도 충분히 있다. 예컨대 이들 국가에서는 도시개발이 제대로 진행되지 못했거나 토지 공급이 부족해 필요한 주택을 제때 공급하기가 어려웠을 수도 있다.

확실히 일부 앵글로-색슨계 국가들, 특히 영국과 오스트레일리아는 다른 유럽 대륙 국가들보다 도시개발에 대한 인허가와 절차 등이 다소 복잡하고 엄격해 보인다.[2] 하지만 이들 국가의 도시개발 계획에 영향을 미친 법률적 규제는 주로 1950년대와 1960년대에 만들어진 것이기 때문에 이것만으로 최근 20년 동안의 주택 가격 폭등 현상을 설명하기에는 한계가 있다.

〈도표 3-1〉은 지난 30년 동안 주택담보 대출과 주택 가격 사이에 '밀접한 관계'가 있다는 것을 보여준다. 주택 공급과 수요 측면의 다양한 요인을 분석한 통계 자료에서도 이를 확인해 주고 있다. 1980년부터 2005년까지 19개국을 대상으로 실행한 연구에서 OECD(경제협력개발기구)는, 금융 규제의 완화로 인해 주택담보 대출이 늘어나면서 실질 주택 가격이 30퍼센트 상승했다고 추정했다. 이는 다른 변수들에 비하면 매우 높은 수치다.[3] IMF(국제통화기금)가 기간을 2010년까지 연장해 실시한 유사한 연구에서는 가계 대출이 10퍼센트 증가하면 '명목 평균 주택 가격'(nominal average house price, 물가 변동을 반영하지 않은 현재 화폐 기준 주택 가격)이 6퍼센트 상승하는 것으로 드러났다.[4] 또한 이 연구는 주택 가격 상승이 다시 주택담보 대출 증가를 유발한다는 사실을 밝혀내면서 주택담보 대출과 주택 가격 간의 '상호 증폭적인 순환 구조'가 존재한다는 것

을 보여주었다.

미국에서 실시한 또 다른 연구에서는 1994년부터 2005년까지 은행 지점 개설에 관한 규제 완화가 주택 가격에 미친 영향을 조사했다.[5] 그 규제 완화는 예금을 받는 일반 상업은행에만 혜택을 부여했고 독립적인 주택담보 대출 은행, 저축대부조합, 신용조합 등에는 혜택을 주지 않았다. 이 연구에 따르면, 규제 완화 덕분에 같은 주에 지점을 추가로 개설하거나 지점 간 합병 혹은 확장을 실행할 수 있었던 은행은 고객들의 예금 유치가 보다 수월해지면서 자금 조달 상황이 좋아졌다. 그래서 주택담보 대출을 50퍼센트에서 66퍼센트까지 확대했는데, 조사 기간 그 지역 주택 가격 상승폭의 3분의 1에서 절반 정도가 이 늘어난 은행 대출 때문인 것으로 드러났다. 하지만 같은 주에 있으면서도 규제 완화의 혜택을 받지 못한 다른 금융 기관들은 대출을 늘리지 못했다. 결국 이것은 은행의 대출 증가가 주택 수요 측면이나 경제 전반에 걸친 상황과 무관하게 주택 가격의 상승을 이끌었다는 강력한 증거로 볼 수 있다.

1990년대부터 시작된
주택담보 대출의 전 세계적인 폭발적 증가

―

일반적으로 경제학 교과서에는 은행 대출의 대부분이 기업에 대한 투자, 즉 '기업 대출'로 흘러 들어간다고 가정한다. 하지만 〈도표 3-2〉에 나타난 것처럼 오늘날 선진국의 은행들은 기업 투자나 소비자 구매용보다 기존 주택이나 부동산을 구매하려는 가계에 훨씬 더 많이 대출을 해주고 있다.[6]

은행의 이 같은 변화에는 그럴 만한 이유가 있다. 기업에 대출을 해주는 것은 은행 입장에서는 위험 부담이 크다. 왜냐하면 대부분의 국가에서 기업은 유한책임제 limited liability의 보호를 받고 있기 때문이다. 이는 투자자들이 자신이 출자한 지분에 한해서만 책임을 지는 제도로, 기업이 파산한다 하더라도 출자한 지분 이외의 추가적인 책임은 지지 않아도 된다. 따라서 만약 기업이 도산한다고 해도 은행은 그 기업의 미상환 대출금을 회수할 법적 권한이 전혀 없다. 하지만 주택담보 대출의 경우 은행은

도표 3-2 1950-2013년 사이 선진국의 주택담보 대출 및 비주택담보 대출 잔액

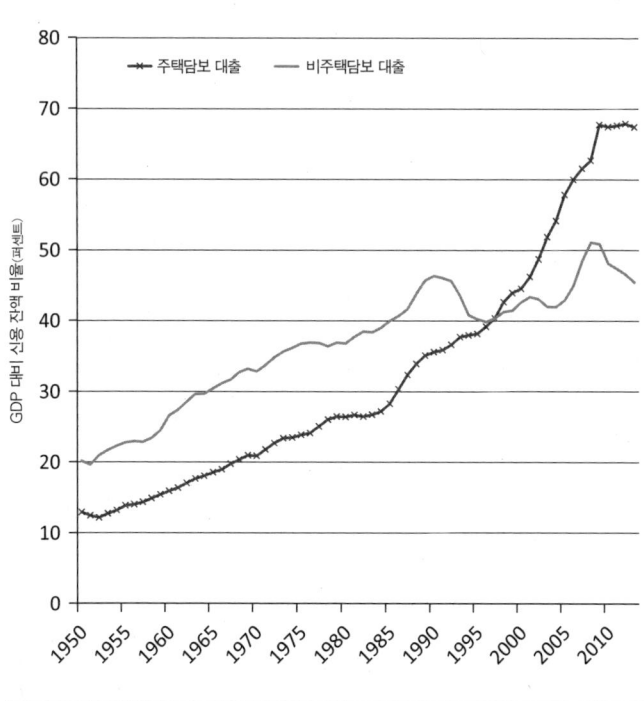

자료 출처: Ò. Jordà, M. Schularick, A. M. Taylor, '거시금융의 역사와 새로운 경기순환의 사실'. *NBER Macroeconomics Annual* 31 (2017): 213-63.

거의 항상 대출자의 채무 불이행을 대비해 부동산을 담보로 요구한다.

〈도표 3-2〉는 제2차 세계대전 이후 17개 선진국의 주

택담보 대출 및 비주택담보 대출 잔액의 평균치를 보여준다. 1990년대 이전까지 이 두 유형의 대출은 대체로 유사한 흐름을 보였지만, GDP 대비 비중으로 보면 은행들은 주택이나 상업용 부동산 구매보다는 기업과 소비자에게 재화와 서비스의 생산 및 소비를 위한 투자에 더 많은 대출을 실행했다. 하지만 1990년대 초에 극적인 변화가 일어났다. 선진국들의 주택담보 대출은 20년 동안 GDP의 약 40퍼센트에서 70퍼센트 수준까지 급증한 반면, 비주택담보 대출은 고작 5퍼센트 정도만 증가하며 정체되었다. 같은 기간 동안 평균 실질 주택 가격도 주택담보 대출과 비슷한 흐름을 보이면서 약 50퍼센트 정도 상승했다(〈도표 3-1〉 참조).[7]

네덜란드 경제학자 디르크 베제머Dirk Bezemer가 '부채의 이동debt shift'이라고 명명한 이러한 현상은 현대 거시경제사에서 가장 중요한 변화 중 하나다.[8] 은행의 전통적인 역할인 비금융 기업에 대한 대출은 자본 투자와 함께 직원들의 급여를 지급하는 데 사용되기도 하는데 그 과정에서 기업 활동이 활발해져 재화와 서비스의 생산 및 판매가 늘고 그 결과 경제 성장, 생산성 향상 등이 일어난다(뒷페이지 〈도표 3-3〉 참조). 이렇게 경제가 성장하면 기업들은 대출에 대한 원금과 이자를 상환할 수 있게 되어 과도한 부채가 누적되는 것을 방지할 수 있다.[9]

하지만 '기존의' 부동산과 토지를 구매하기 위한 대출은 주택 가격 상승과 가계의 부채 증가만 유발할 뿐 경제 전반을 활성화시키지는 못한다. (다만 일시적으로 소비를 자극하는 효과는 있을 수 있는데 이 부분에 대해서는 제4장에서 살펴볼 것이다.) 이런 상황에서는 원금과 이자를 상환할 여력이 충분치 않은 가계는 또 다른 대출을 받거나 소비를 더 악착같이 줄일 수밖에 없다. 그럼 경기가 침체되면서 기업은 투자를 줄이게 되고 결국 수익도 감소해 직원들 급여도 동결된다. 이렇게 되면 결과적으로 소득은 정체되어 있는데 주택 가격은 상승하는 상황에서 가계의 주택담보 대출에 대한 수요는 점점 더 늘어나는 악순환이 반복된다. 실제로 1990년부터 2011년까지 46개국을 분석한 연구에서 자국 부동산에 대한 미상환된 대출 잔액 규모가 클수록 경제 성장에 부정적인 영향을 주는 반면, 비금융 기업에

대한 대출은 긍정적인 영향을 준다는 것이 밝혀졌다.[10]

제2차 세계대전 직후부터 1970년대 초까지는 각국 정부가 시장에 적극적으로 개입해 선진국의 경제가 안정적으로 고성장을 이어갔는데 이 시기를 '케인스주의 황금기'라고 한다. 이 기간 동안 대부분의 선진국 중앙은행과 정부는 대출의 총량이나 용도를 직접적으로 제한하거나 조절하는 '신용 통제credit controls', 민간은행의 대출 방향을 특정 산업이나 분야로 유도하거나 제한하는 '신용 유도credit guidance' 같은 정책을 시행해 민간은행에서 내주는 대출이 사회적으로도 경제적으로도 바람직한 분야로 흘러 들어가도록 했다. 보통은 전략적으로 중요한 국책사업이나 수출산업 등 경제 성장에 도움이 되는 분야로 자금이 유입되도록 했다. 대신에 주택담보 대출이나 소비자 신용(consumer credit, 개인 소비 목적으로 금융 기관에서 빌리는 돈)을 포함한 덜 바람직한 분야에는 대출을 제한해 가계 부채 증가를 억제하는 정책을 폈다.[11] 또한 주택을 매매하지 않은 채 자신이 소유한 집의 시세 상승분을 담보로 대출을 받아 소비를 늘리는 '주택자산 인출home equity

도표 3-3   은행 대출의 두 가지 경로

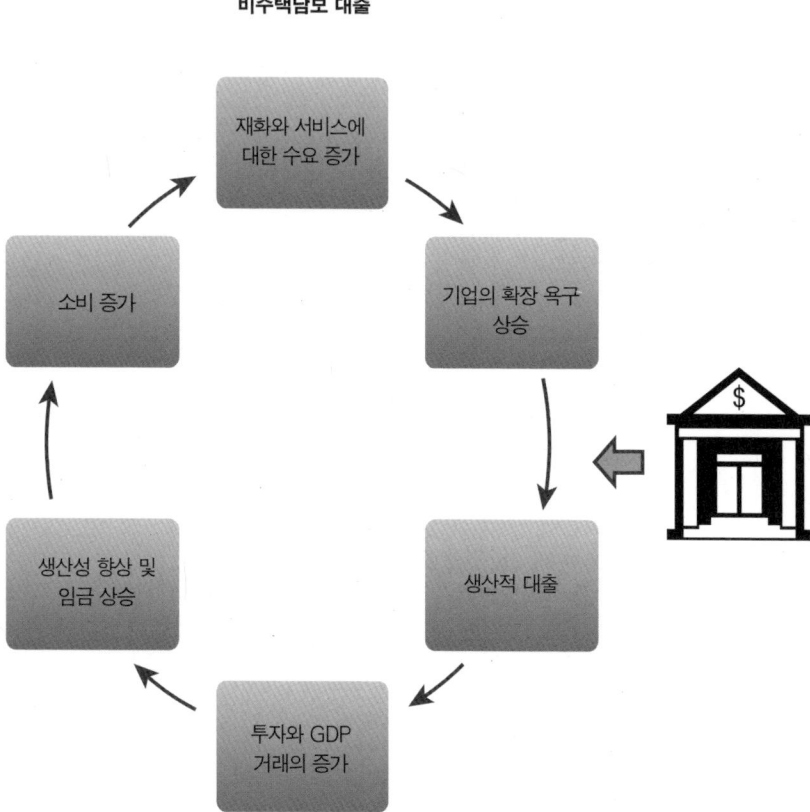

주택담보 대출

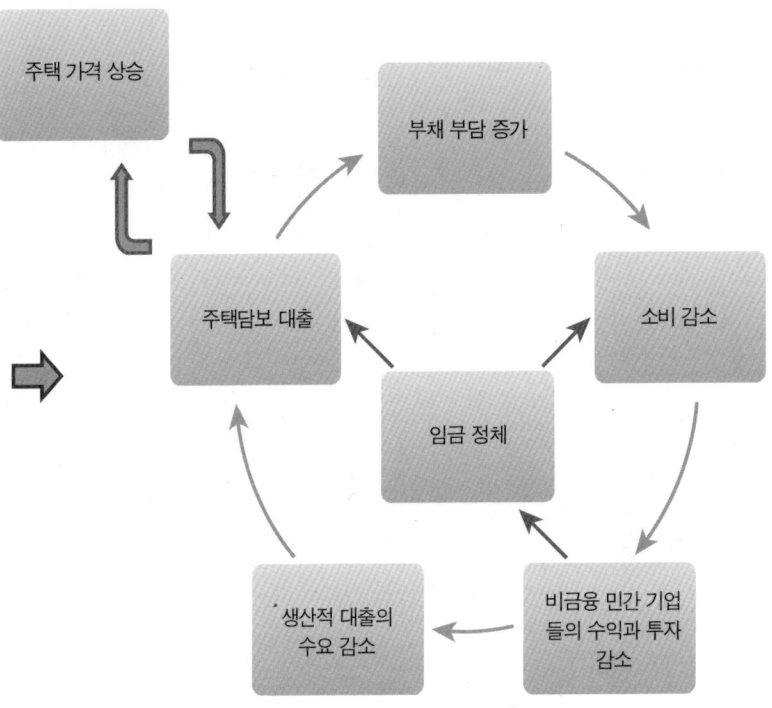

주택담보 대출은 어떻게 전 세계적인 폭발력을 갖게 되었을까

withdrawal'은 제2차 세계대전 이후 대부분의 국가에서 제한되었다.[12] 따라서 이 시기에는 주택 가격이 상승해도 소비의 증가로 이어지지는 않았다. 결론적으로 이러한 조치들은 주택 시장을 금융 투기로부터 보호하고 주택 가격의 변동성을 줄이는 데 중요한 역할을 했다.

그렇다고 주택담보 대출에 대한 이러한 규제가 경제 성장을 방해한 것은 아니다. 주택 소유가 소비와 건설 부문을 자극하는 중요한 요인이긴 하지만 이 시기에 경제 성장을 이끈 핵심 동력은 따로 있었다. 당시의 경제 성장은 정부와 민간의 투자, 특히 유럽에서 중요한 역할을 한 은행의 기업 대출 등을 포함한 자본 투자가 증가하면서 이루어졌다. 즉 기계, 공장, 인프라, 기술, 교육 등 생산 활동에 필요한 곳에 자본을 투자했다. 이 같은 투자로 인해 서구 민주주의 국가 전반에 걸쳐 생산성이 향상되었고 임금도 상승하게 되었다.[13] 임금이 오르고 저금리가 유지되자 가계는 금리 상승 걱정 없이 낮은 고정금리로 대출을 받아 주택과 내구 소비재를 구매할 수 있었고 그에 따라 총수요도 증가하게 되었다. 따라서 주택 금융은 경제 전체의 총수요와 총공급의 선순환 구조 중 일부였으며 그 중심에는 대체로 주택과 부동산 같은 고정 자산보다는 '실물 경제에 대한 투자'가 자리 잡고 있었다.

그렇다면 이랬던 서구 국가들은 어떻게 은행이 주택담보 대출에 '중독'되도록 허용했을까? 물론 모든 선진국에서 주택담보 대출이 확장되는 경로가 동일하지 않았다는 점은 주목할 필요가 있다. 각 국가마다 금융 기관, 주거 복지제도, 정치적 성향이 서로 달랐기 때문에 다양한 '주거 자본주의residential capitalism'[14]가 등장했다.[14] 하지만 '주택과 금융의 순환 구조housing-finance feedback cycle'[15]의 출현은 1980년대에 주택 소유 민주주의를 주장해온 미국과 영국에서 시작되었다. 당시 뉴욕과 런던 간의 금융 중심지 경쟁 또한 힘을 보탰다. 이들은 서로 경쟁하면서 더 공격적인 금융 상품과 대출 방식을 도입해 주택담

---

14 주택이라는 자산이 자본 축적과 소득 창출의 주요 수단으로 작용하는 현상을 뜻한다.

15 주택 가격이 오르면 대출이 늘고, 대출이 늘면 주택 가격이 더 오르는 순환 구조를 뜻한다.

보 대출 시장을 키웠다. 여기서 탄생한 금융 혁신들은 이후 1990년대에 전 세계로 확산되었고 유럽 대륙 또한 '주택의 금융화'에 빠져들면서 마침내 2007-2008년 글로벌 금융 위기로 이어지게 된다.

미국,
은행이 본격적으로 영향력을 발휘하다
—

앞 장에서 설명했던 것처럼 미국은 제2차 세계대전 이후에 민간 대출 기관에서 실행하는 주택담보 대출을 연방 정부가 보증해 주었다. 즉 민간은행에서 대출을 해주었는데 대출받은 사람이 상환을 하지 못하면 정부가 대신 책임지겠다고 보증한 것이다. 이렇게 함으로써 은행의 위험을 줄이는 동시에 주택담보 대출 시장을 활성화시킬 수 있었고 덕분에 사람들은 집을 구매하기가 훨씬 쉬워졌다. 이러한 정책을 통해 미 연방 정부는 사람들의 주택 구매에 핵심 역할을 하게 되었다. 하지만 그 이전에는, 그러니까 대공황 이후 1930년대에 진행한 뉴딜 개혁은 은행이 주택담보 대출을 비롯해 대출을 너무 쉽게 늘리는 것을 제한했다. 특히 경제가 성장하는 시기에 대출을 많이 늘리면 나중에 거품이 발생하는 등 위험해질 수도 있다고 판단한 것이다.[15] 이에 대한 조치로 정부는 은행이 소매 예금, 즉 일반인들의 예금을 더 많이 유치해 대출 자금을 확보하는 것을 제한했다.

은행들이 주택담보 대출 자금을 조달하는 방식

은행들은 항상 그들의 자산(그들이 실행한 대출)이 언제 만기가 되는지, 부채(그들이 고객에게 빌린 돈, 즉 고객의 예금)는 언제 만기가 되는지 잘 맞추어야 한다. 은행의 자산에는 6개월 만기 소비자 대출도 있고, 30년 만기 주택담보 대출도 있다. 이처럼 자산의 만기 기일은 매우 다양하기 때문에 은행의 부채 또한 다양한 만기를 갖춘 구조가 되어야 한다. 그래야 자산과 부채의 만기 불일치 문제가 발생하지 않고 균형이 유지될 수 있다. 은행 용어에서 '자금 조달'이란, 은행이 가진 자산에 상응하는 부채를 확보하는 것을 말한다.

이때 예금은 은행 입장에서는 비교적 안전한 부채로 간주된다. 비록 누구나 언제든지 인출할 수 있어 단기 자금의 성격을 갖지만 그래도 모든 예금자가 동시에 돈을 인출하려는 사태, 즉 '뱅크런bank run'이 일어날 가능성은 매우 희박하기 때문이다. 뱅크런 가능성이 낮은 이유는 정부에서 막대한 규모로 일정 금액까지 예금을 보호해 주기 때문이다.

은행은 보유한 자산의 구성에 따라 예금뿐만 아니라 다양한 형태의 다른 부채들도 보유한다. 이런 부채들에는 2년 만기 고정금리 채권과 같은 저축 상품, 부동산 같은 자산을 담보로 해서 발행한 채권 혹은 금융 시장에서 다양한 만기로 빌린 돈 등이 포함된다.

은행은 예금자들에게서 자금을 빌리는 것뿐만 아니라 '도매 자금 시장wholesale money markets'에서도 자금을 빌려온다. 여기서 '자금 시장'이란 일반적으로 은행 같은 금융 기관과 비금융 기업, 정부 간에 다양한 통화로 유동성 자산을 빌리고 빌려주는 방대한 거래망을 말한다. 또 '도매'는 개인들이 소규모로 거래하는 것이 아닌 금융 기관들이 대규모로 자금을 빌리거나 빌려주는 것을 의미한다. 도매 자금 시장에서 단기로 자금을 빌리는 것은 예금보다 리스크가 클 수 있다. 왜냐하면 그런 자금을 빌려주는 기관들은 시장의 움직임에 보다 민감하게 반응하기 때문이다.

당시의 주요 개혁으로는 언제든지 인출할 수 있는 요구불 예금에 대한 이자 지급 금지, 정기예금과 저축예금에 대한 이자율 상한선(Regulation Q) 설정, 상업은행과 투자은행의 분리(글래스-스티걸 법안) 등이 있었다. 그 결과 주택담보 대출은 보다 보수적이고 안전하게 운영되는 저축대부조합thrift[16]으로 사실상 제한되었다.

하지만 금융 부문의 혁신과 1971년에 브레튼우즈 체제가 붕괴된 이후 자본이 전 세계를 넘나들며 자유롭게 이동할 수 있게 되자 기존의 규제는 약화되었다. 1970년대 중반부터 미국의 은행들은 미국 외부, 특히 규제가 거의 없던 유로달러 시장(Eurodollar market, 주로 유럽 은행에 예치된 미국 달러화 예금이 거래되는 국제 금융 시장)에서 자금을 빌려와

---

16 고객의 예금을 기반으로 한 장기 주택담보 대출에 특화된 미국의 저축 및 대출 금융 기관으로, 1930-1980년대에 미국 주택 금융의 핵심 역할을 담당했다.

주택담보 대출을 실행할 수 있었다. 한편으로는 미국 국내의 금융 혁신 덕분에 새로운 금융 상품을 출시할 수 있게 되면서 은행들은 이자율 상한제 규제를 우회할 수 있었다. 이 때문에 저축대부조합보다 높은 금리를 제공하면서 그들의 고객을 뺏어와 많은 예금을 유치할 수 있었다.[16] 그 결과 저축대부조합의 역할이 축소되고 은행들이 주택담보 대출 시장에서 더 큰 영향력을 갖게 되었다.

또한 미국에서는 '독립형 주택담보 대출 은행'이라는 새로운 유형의 대출 기관도 등장했다. 이들의 사업 모델은 예대금리 차이에 따른 전통적인 이자 장사가 아닌, 주택담보 대출을 실행하고 그것을 앞 장에서 언급한 정부가 지원하는 준공공 기관인 패니메이와 프레디 맥Freddie Mac 등에 판매하면서 발생하는 거래수수료로 수익을 내는 방식이었다. 이 두 기관은 여러 은행으로부터 다양한 대출을 사들여 이를 증권화해 투자자들에게 판매하는 역할을 한다. 이 방식은 은행 입장에서는 자금을 즉시 확보할 수 있어 더 많은 대출을 가능케 했다. 그로 인해 1980년대에 미국의 주택담보 대출은 급격히 증가해 GDP의 40퍼센트

도표 3-4 1947-2013년까지
미국의 부문별 신용 배분과 실질 주택 가격

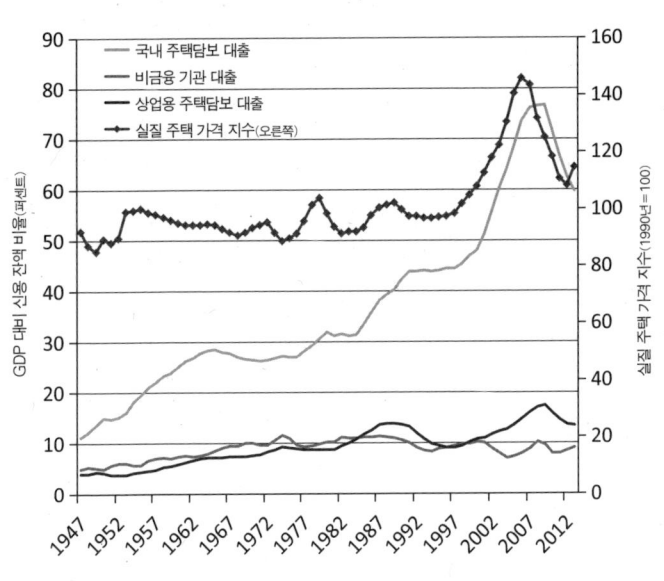

자료 출처: 미 연방준비제도이사회
참고: 국내 주택담보 대출 데이터에는 비은행 금융 기관의 주택저당증권 발행 및 정부 지원 기관의 보유 주택저당증권이 포함되었다.

를 넘어섰다(〈도표 3-4〉 참조). 1975년에는 주택담보 대출의 60퍼센트를 저축대부조합 같은 전문 대출 기관들이 보유했다. 하지만 1990년에 이르러 이 수치는 고작 10퍼센트 조금 넘는 수준으로 감소했고 패니메이와 프레디 맥처럼

정부에서 지원하고 후원하는 기관들이 40퍼센트 이상을 보유[17]했다.[17]

영국,
정부 주도의 규제 완화
—

20세기의 대부분 동안(정확하게는 1900년대 초부터 1970-80년대 후반까지) 영국에서는 주택담보 대출이 주로 주택저축조합building societies[18]을 통해 이루어졌다. 이 기관은 보수적인 사업 모델을 운영했는데, 장기 주택담보 대출은 우수한 저축 이력을 지닌 사람들에게만 허용했으며 그 대출

---

17 여기서 '대출을 보유했다'는 의미는 단순히 대출을 실행했다는 의미가 아니라, 실행된 대출을 관리하면서 원금 및 이자 수익에 대한 권리를 갖고 있다는 뜻이다. 따라서 1980년대부터 은행들이 주택담보 대출을 패니메이 등에 팔아넘기면서 은행은 더 이상 대출을 '보유하지 않게' 되었다.

18 회원들의 저축을 기반으로 주택담보 대출을 제공하는 영국의 지역 기반 저축 및 대출 협동조합을 말한다. 일반 상업은행과 달리 회원이 은행을 소유하고, 상업은행처럼 영업하면서도 주로 주택담보 대출 등 주택 금융에 집중하는 소매 금융 기관 역할을 한다.

자금은 안전한 소매 예금으로 조달했다. 이런 방식은 부동산과 관련된 대출과 경제 전반이 서로 균형을 이루면서 안정적으로 움직이도록 했고 주택담보 대출이 과도하게 증가하거나 주택 가격의 변동성이 확대되는 것을 억제하는 역할을 했다. 동시에 영국 중앙은행은 양적 신용 통제를 통해 은행들이 주로 비금융 기업에 대출하도록 했다.

하지만 1960년대와 1970년대에 미국 은행들을 포함한 소위 '2차 은행secondary banks', 즉 부동산 담보 대출 등 고위험 자산을 중심으로 운영되는 중소 규모의 비주류 상업은행들이 런던 금융 시장에 진입해 상업용 부동산 기업들에 대규모로 대출을 해주기 시작했다. 당시는 수도 런던의 땅값이 빠르게 오르고 있던 시기였다. 이런 2차 은행들과 영국 중앙은행의 규제를 받지 않는 또 다른 금융 기관들 간의 경쟁이 치열해지자 영국 의회는 1971년에 '경쟁, 신용 및 통제에 관한 법률Competition, Credit and Control Act'을 제정해 새로운 다양한 금융 기관들이 영국 중앙은행의 감독과 통제를 받도록 했다. 다만 주택저축조합은 제외되었다. 여기서 중요한 사실은 이 법안이 영국의 대형 상업은행들도 2차 은행들과 마찬가지로 급성장하는 도매 자금 시장에서 자금을 빌리는 것을 허용했다는 것이다. 그 전에는 중앙은행의 직접적인 규제를 받지 않았던 2차 은행만 도매 자금 시장을 이용할 수 있었는데 1971년 이후로 상황이 바뀌게 된 것이다.

마거릿 대처의 영국 보수당은 1979년에 집권하면서 런던 금융 시장이 뉴욕과 경쟁할 수 있도록 만들겠다는 결연한 의지를 드러냈다. 앞서 미국이 자본에 대한 규제를 완화하자 이에 대응해 영국 정부도 1979년에 외환 거래 제한을 폐지하면서 금융 부문을 외국 자본에 더 개방하고 영국 은행들이 특히 유로달러 시장에서 자금을 조달할 수 있도록 했다. 이것은 영국 은행들이 더 이상 자금 조달을 국내 예금에만 의존하지 않아도 된다는 의미였다. 1986년에는 '빅뱅' 금융 개혁의 일환으로 주택저축조합도 도매 자금 시장에서 자금을 조달할 수 있게 되었고 은행과 상호저축은행에 대한 주택담보 대출의 양적 규제도 완화되었다. 이전까지는 정부가 생산적인 산업 부문에 대출을 많이 하고 가계 부문에는 대출을 제한하도록 했는데 이제

도표 3-5   **1963-2015년까지
영국의 부문별 신용 배분과 실질 주택 가격**

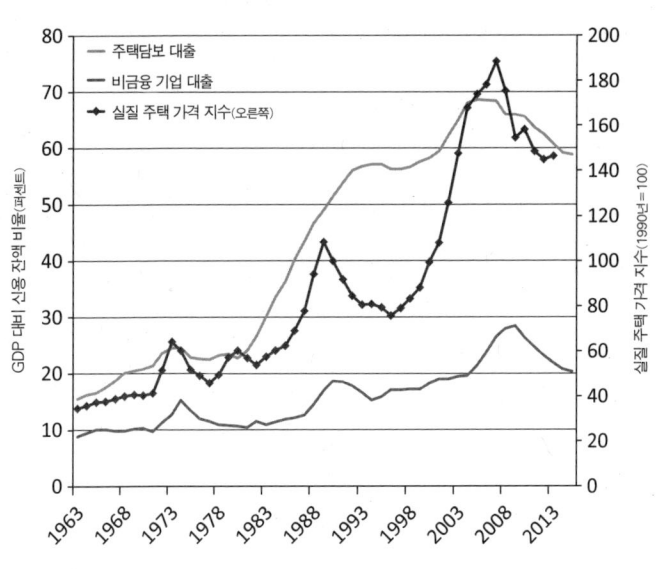

자료 출처: 영란은행; ONS; K. Knoll, M. Schularick 및 T. Steger, 'No price like home: global house prices, 1870-2012'. *American Economic Review* 107 (2017): 331-53.

는 달라졌다. 그 결과 영국의 주택담보 대출 규모는 1970년대 후반에 GDP의 20퍼센트를 조금 넘는 수준에서 10년 후에는 55퍼센트로 폭발적으로 증가했다. 같은 기간에 주택 가격은 2배로 상승했다(〈도표 3-5〉 참조).

정부나 중앙은행이 규제를 완화해 은행과 금융 기관이 자유롭게 대출과 신용을 확대할 수 있게 한 '신용 자유화'의 핵심 요소 중 하나는 가계가 '주택자산 인출'을 할 수 있도록 허용한 것이었다. 그 전까지는 제한했었다. 하지만 이제는 주택 가격의 상승분을 담보로 돈을 대출받아 소비재 및 자동차 구매, 휴가 등에 사용할 수 있게 된 것이다. 이로 인해 주택 자산과 소비 사이에 중요한 새로운 관계가 형성되었는데, 주택 가격이 오르면 소비 또한 늘어나는 것이다. 이는 결과적으로 경제 전반에도 영향을 끼친다. 1980년대에 영국에서 주택담보 대출이 늘어난 또 하나의 이유는 점차적인 저금리 추세(당시에는 정부가 금리 통제)와 함께 주택담보 대출 이자에 대한 세금 감면 정책 때문이었다.

하지만 1980년대 영국의 주택 가격 거품은 결국 1990년에 터지고 말았다(〈도표 3-5〉 참조). 그로 인해 많은 사람들이 현재 자신들의 주택 가격이 남아 있는 대출 잔액보다 낮아진 '마이너스 자산'(negative equity, 역자산이라고도 한다) 상태에 빠지게 되었는데 이런 처지에 처한 사람이 한

창때는 최고 20퍼센트에 달했다.[18] 이로 인해 1990년대 초반 3년 동안 이어진 영국의 경기침체는 더 오래 지속되고 더 깊어졌다. 많은 사람들이 실직을 하고, 주택을 압류당했으며, 기업 대출도 거의 중단되었다. 하지만 당시 집권당인 보수당은 그 이후에도 주택담보 대출을 억제하는 정책을 펴기보다 오히려 금융 규제를 더 완화하는 방식을 택했다. 결국 이로 인해 영국은 글로벌 금융 위기에 휘말리게 되었다.

주택 금융 시장은
어떻게 전 세계 투자자들을 사로잡았나
—

1980년대 중반부터 대부분의 선진국에서는 주요 은행들이 20세기 들어 처음으로 '본격적으로' 주택담보 대출 시장에 뛰어들기 시작했다. 이런 추세는 영국과 미국의 모델을 따른 것이었다. 그 전까지는 앞에서도 언급한 것처럼 영국의 주택저축조합이나 미국의 저축대부조합 같은 특화된 주택담보 대출 전문 기관들이 주로 담당했다. 하지만 비은행 대출 기관들도 종종 대규모 지점망을 갖출 필요가 없다는 이점을 바탕으로 이 시장에 뛰어들었다. 이 같은 금융 자유화 외에도 은행들이 주택담보 대출을 더욱 매력적으로 여기게 된 중대한 변화는 '주택저당증권RMBS'[19]의 등장 때문이었다.

일반적인 교과서에 나오는 은행 모델로 보자면, 은행은 대출을 만기까지 보유하면서 대출에 부과하는 이자와 예금자에게 지급하는 이자 간의 차이, 즉 '예대금리 차이'를 통해 수익을 창출한다. 반면 증권화securitization는 여러 은행과 금융 기관의 다양한 대출을 매입해 하나로 묶어 이를 기초로 새로운 금융 상품을 발행해 제3자에게 판매하는 기법을 말한다. 이는 여러 대출을 묶어서 판매하는 것이기 때문에 개별 대출 상품에 대한 부도 위험이 분

---

[19] MBS(Mortgage-Backed Securities)는 부동산 담보 대출을 기초 자산으로 하여 발행되는 증권의 총칭으로 주거용 부동산 대출뿐만 아니라 상업용 부동산 대출까지 포함하는 반면, RMBS(Residential Mortgage-Backed Securities)는 MBS의 하위 유형으로 주거용 부동산만, 즉 주택담보 대출만을 기초 자산으로 한 증권을 뜻한다.

산되는 효과가 있다. 따라서 증권화한 상품은 연기금이나 보험회사처럼 장기적이면서도 비교적 안정적인 수익의 흐름을 선호하는 대형 기관 투자자들을 포함한 다양한 투자자들이 매력적인 상품으로 여기게 되었다.

증권화는 은행들에게 전통적인 자금 조달 방식인 예금 말고도 또 다른 방식으로 자금을 조달할 수 있게 해주고 새로운 수익 창출원도 제공한다. 즉 오직 이자에서 발생하는 수익에만 의존하는 것이 아니라, 주택담보 대출을 주택저당증권 같은 증권화 상품을 발행하는 기관에 판매함으로써 그 과정에서 발생하는 수수료로 수익을 다각화할 수 있게 된 것이다. 또한 증권화는 은행들의 자기자본 요건을 줄이는 수단으로 활용되기도 했다. 과거에는 대출을 은행의 대차대조표에서 자산으로 포함해야 했지만, 글로벌 금융 위기가 터지기 전에는 은행이 설립한 '특수목적법인SPV' 같은 증권화 상품 발행 및 판매 기관에 대출을 판매해 은행의 자산 목록에서 뺄 수 있었다. 이렇게 되면 은행은 위험 자산이 줄어들어 자기자본 요건을 낮출 수 있었다.

주택담보 대출의 증권화는 미국에서 처음 시작되었다. 당시 미 연방 정부는 재정 적자를 줄이기 위해 정부 지원 기관을 통해 주택저당증권과 같은 증권화된 상품을 민간 자본시장에 판매하고자 했다. 하지만 민간 시장에서의 수요는 위험이 적고 예측이 가능한, 즉 시장금리가 적용되고 일반적인 조건을 갖춘 표준형 대출에 한정되었다. 반면 정부가 보조금을 지원해 주거나 보다 낮은 금리로 내준 저소득층을 대상으로 한 특수한 형태의 대출을 많이 포함한 증권화 상품은 수익성이 낮아 수요가 적었다. 하지만 증권화는 앞에서도 계속 언급했듯이 포트폴리오 전반에 걸쳐 위험을 분산하는 데 효과적이었다. 더불어 정부 지원 기관이 발행한 주택저당증권은 민간 기업이 발행한 증권에 비해 독특한 이점을 지니고 있었다. 바로 국가가 보증을 해준다는 점이었다. 이는 대출자가 대출을 갚지 못해도 정부가 책임진다는 것이다. 따라서 그런 증권은 미국 시장 투자자들에게는 대단히 매력적이었다.

이에 유럽과 오스트레일리아, 뉴질랜드도 미국의 모델을 따르며 급성장하는 주택담보 대출 시장에 진입했다.

다만 이들 나라는 적어도 공식적으로는 정부가 직접 보증하거나 지원하지는 않았다. 1971년부터 1973년 사이에 브레튼우즈 체제 붕괴로 고정환율제가 무너지고 국가 간 자본 이동이 자유로워지면서 '금융 시장의 국제화'를 촉진시켰다. 이에 따라 각국은 금융 규제를 점차 조율하게 되었고 영미권 모델을 따른 금융 규제가 글로벌 기준으로 자리 잡았다. 이러한 환경이 정부의 직접적인 개입 없이도 주택담보 대출 시장이 성장할 수 있는 기반을 마련했다.

1930년대부터 주로 선진국 간의 범대서양 통화 협력을 지원해온 BIS(국제결제은행)의 주도로 1988년에 '바젤 협약Basel Accords'이라는 새로운 체계를 도입했다. 이 협약은 은행들이 너무 위험한 자산에 투자하지 않도록 모든 은행에게 대출을 포함한 보유 자산의 위험도에 따라 최소 자기자본 비율(일명 BIS 비율)을 갖추도록 규정했다. 예컨대 은행이 위험이 큰 자산을 많이 들고 있을수록 은행의 안정성을 위해 더 많은 자기자본을 쌓도록 규제한 것이다.

바젤 1차 협약에서는 은행이 대출 등 자산을 보유할 때 해당 자산에 부여되는 위험 정도를 수치로 표시했는데, 주거용 부동산이 담보로 설정된 대출은 비금융 기업에 대한 대출에 비해 위험 가중치가 절반인 50퍼센트에 불과했다. 더욱이 증권화된 주택담보 대출은 유동성도 더 높고 위험도 더 적다고 간주되어 위험 가중치가 고작 20퍼센트에 불과했다. 이런 변화의 영향으로 은행들은 최소 자기자본을 늘리지 않고도 예전보다 2.5배 많은 부동산 관련 대출 위험을 감수하면서도 수수료와 순이자마진을 통해 수익을 올릴 수 있게 되었다.[19]

증권화는 지리적으로 고정되어 있고 쉽게 현금화할 수 없는 자산, 즉 일반적인 30년 만기 고정금리 주택담보 대출 등을 거의 전 세계 어디서나 매매할 수 있는 유동적이고 투명한 글로벌 금융 자산으로 변모시켰다.[20] 이처럼 주택 금융이 방대한 글로벌 투자 시장에 개방되면서 기존에 존재했던 주택 구매 자금 조달과 관련된 각 국가와 지역의 제도적 장벽이 무너졌고 은행 시스템 또한 크게 변화했다. 데이비드 하비 David Harvey 같은 마르크스주의 경제지리학자들은 전통적인 형태의 생산적 대출과 투자에서 발생하는 수익이 정체되기 시작할 때 상품화하기 위한 새로운 자산을 찾는 것은 '자본'의 본질적인 특징이라고 이론화했다.[21]

이 주장이 어느 정도 사실이라는 것은 의심의 여지가 없다. 은행의 이 같은 금융 혁신이 주택담보 대출 시장을 성장시켰지만 동시에 정부의 우호적인 세제 혜택과 규제도 큰 역할을 했다. 이런 환경은 자가주택 보유를 널리 확대하려는 정치적 압력에 의해 조성되었다. 현재 대부분의 국가에서는 실제 거주하고 있는 주택에 대해서는 양도소득세를 감면하거나 부과하지 않는다. 그리고 대부분의 선진국들은 과세 대상 소득에서 주택담보 대출 이자를 공제해 주는 혜택(Mortgage Interest Relief, MIR)을 제공한다. 이자 공제를 매우 관대하게 해주는 네덜란드의 경우는 2015년에 이 혜택으로 줄어든 세수가 GDP의 약 2.14퍼센트에 달하고, 공제액이 상대적으로 적은 미국도 0.5퍼센트에 이르는 것으로 추산되었다.[22] 하지만 자가주택 보유는 고소득자와 고연령층에 편중되어 있기 때문에 이런 혜택은 조세 측면에서는 매우 역진적이라고 할 수 있다. 미국[23]과 유럽[24]에 관한 연구 자료들은 이런 제도가 주로 고소득층에게 혜택을 제공했음을 보여주는데 그들 중 대다수는 이미 자가 소유자일 가능성이 크다.

정부가
주택 구매를 독려하는 정치적인 이유
—

유럽에서 금융의 자유화와 규제 완화는 단일 유럽 시장 창설과 유로화라는 단일 통화를 도입하면서 이루어졌다. 유럽연합은 1990년대에 자본시장과 금융 규제를 자유화하고 일원화하기 위해 많은 법안을 시행했다. 그 일례로 유럽연합 전역의 은행들은 1993년에 앞에서 언급했던 바젤 협약의 규정에 따라 자기자본 요건을 동일한 기준으로 맞춰야 했다. 또한 유럽의 통합은 금리 인하도 동반했다. 마스트리히트 조약에 따라 1993년에 도입된 유로수렴기준Euro convergence criteria은 유럽연합 회원국 정부에 자국 금리를 회원국 중 물가 상승률이 가장 낮은 세 국가의 금리보다 2퍼센트 이상 높지 않도록 제한했다. 이 기준을 맞추기 위해 각국은 금리를 낮출 수밖에 없었고 그로 인해 유럽의 주택담보 대출 금리는 사상 최저 수준으로 떨어졌다.[25] 특히 대형 은행을 포함한 비전문 주택담보 대출 기관들의 경쟁까지 치열해지면서 금리 인하 압박은 더욱 커졌다.

1990년부터 2000년 사이에 유럽의 주택담보 대출 시장은 명목 기준(물가 상승을 고려하지 않은 금액) 2배로 성장했다. 특히 그리스, 스페인, 포르투갈, 아일랜드, 네덜란드에서 폭발적으로 성장했는데 이 국가들 모두 주택담보 대출 잔액이 명목 기준 300퍼센트 이상 증가했다.[26] 또 많은 국가들이 주택담보 대출을 받을 때 담보 인정 비율인 LTV(loan-to-value)를 약 80퍼센트에서 100퍼센트에 육박하는 수준으로[27] 상향 조정하면서 계약금이 넉넉히 있지 않았던 수백만 명도 자가 소유를 실현할 수 있게 되었다.

1990년대에 저금리가 지속되고 가계와 규제 당국이 장기 대출을 더 많이 수용하면서 유럽의 주택담보 대출은 안정적이면서도 만기가 긴 자산을 찾는 연기금과 보험회사 같은 기관 투자자들에게 더 매력적인 형태가 되었다. 게다가 유럽에서는 1999년 유로화 도입과 함께 유럽 여러 나라의 자본시장이 통합되면서 유로화 표시 채권시장이 등장했다. 이로 인해 유럽의 자본시장 활동이 급격히 증가하면서 도매 금융 시장도 크게 활성화되었다. 유로화 표시 채권시장이란 유로화를 기준으로 발행된 채권들이 거래되는 통합 자본시장으로, 이 시장은 단일 국가 채권시장보다 더 안정적이었고 저비용으로 장기 자금을 조달할 수 있는 경로도 제공했다. 이를 통해 은행들은 기존의 소매 예금을 대신해 유로화 표시 채권시장 같은 도매 시장에서 다양한 금융 상품을 거래하면서 자금을 조달할 수 있었다. 이들 상품에는 커버드 주택담보 대출 채권Covered Mortgage Bonds과 앞서 언급한 주택저당증권 등이 포함되었다. 여기서 커버드 주택담보 대출 채권이란 은행이 보유한 주택담보 대출을 담보로 해서 발행하는 채권으로, 그 대출은 은행의 대차대조표에 계속 남아 있다. 반면 주택저당증권의 경우, 미국 모델과 마찬가지로 유럽의 은행도 먼저 대출을 실행한 후 이를 은행이 별도로 만든 특수목적법인으로 넘기거나 증권 발행 및 중개 기관을 통해 최종적으로 투자자들에게 판매함으로써 은행 대차대조표에서 그 대출을 자산 항목에서 뺄 수 있었다.

주택저당증권은 1990년대에 영국, 오스트레일리아, 아일랜드에서 중요한 자금 조달 수단이 되었고 2000년대 초반에는 대부분의 유럽 국가들에서도 일부 발행되었다.[28] 증권화 덕분에 주택담보 대출 기관은 더 다양한 대출 상품을 제공하게 되었는데 훨씬 더 낮은 금리로, 더 높은 담보 인정 비율로 대출을 실행할 수 있게 되었다. 그 결과 더 많은 사람들이 내 집 마련을 실현하게 되었지만 '소득 대비 주택 가격 비율'과 '소득 대비 주택담보 대출 비율' 또한 모두 크게 상승했다. 특히 후자의 경우는 1998년부터 2009년까지 많은 국가들에서 3분의 1 이상 증가했다(〈도표 3-6〉 참조).

그렇다고 모든 국가들이 주택담보 대출의 증권화를 시행한 것은 아니다. 독일, 프랑스, 이탈리아는 대표적인 예외 국가였다. 이들 세 나라는 증권화보다 전통적인 방식을 더 선호했다. 하지만 주택저당증권 거래는 빠르게 글

도표 3-6 **1998년과 2009년 유럽 국가와 미국의 GDP 대비 국내 주택담보 대출 비율**

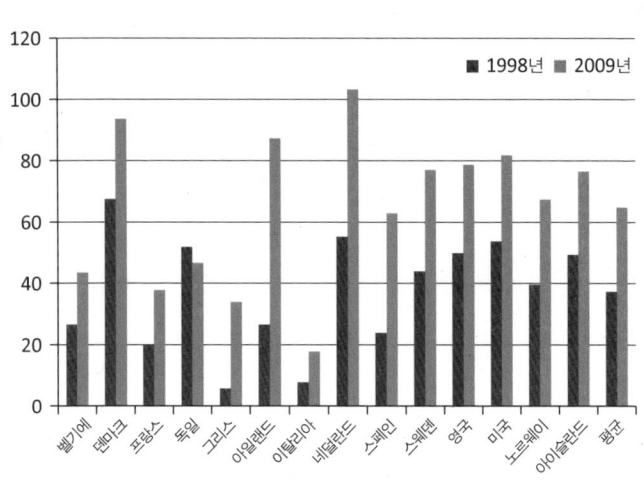

자료 출처: 유럽주택담보대출연맹European Mortgage Federation

로벌 시장을 형성했다. 연기금과 보험회사 같은 보수적인 기관 투자자들을 포함해 전 세계 거의 모든 국가의 투자자들이 유럽 시장으로 대거 몰려들었다. 반면 다른 유럽 국가들, 특히 덴마크와 독일에서는 커버드 본드(담보부 채권) 시스템이 주로 사용되었다. 커버드 본드는 은행이 우량 대출을 담보로 채권을 발행하지만 그 대출은 은행 대차대조표에 자산으로 계속 남아 있어 은행이 책임을 져야 한다. 이런 이유로 투자자 입장에서는 상대적으로 위험도가 낮은 안정적인 투자 대상이 된다.

영국은 유럽에서 증권화 추진을 선도한 국가였다. 2000년부터 2007년 사이에 영국에서 주택담보 대출 자금을 주택저당증권과 커버드 본드를 통해 조달한 금액은 130억 파운드에서 2,570억 파운드로 증가하면서 전체 주택담보 대출 자금에서 이들이 차지하는 비중도 2.5퍼센트에서 21.5퍼센트로 크게 상승했다.[29] 또한 GDP 대비 주택저당증권 비중도 1999년에 2퍼센트에서 글로벌 금융 위기가 시작되는 2007년에는 거의 27퍼센트까지 상승했고[30] 역시 같은 기간에 주택담보 대출도 비슷한 규모로 증가했다.

금융 자유화와 증권화는 여러 금융 혁신으로 이어지면서 이전에는 주택 시장에 진입할 수 없었던 사람들에게도 다양한 새로운 주택담보 대출 상품을 제공할 수 있게 되었다. 여기에는 처음 몇 년은 이자율 변동이 없는 초기 고정금리 상품과 Buy-to-Let, 즉 직접 거주하지 않고 임대 수익용으로 주택을 구매할 때 받는 대출 상품도 포함되었다. 미국에서는 저소득층에게도 점점 더 많은 대출 상품을 제공했는데 종종 주택 구매 시 계약금이 없어도 대출을 해주거나, 초기 상환금이 적거나, 단기 저금리의 조건이 적용되기도 했다. 신용도가 낮은 저소득층에게 실행된 미국의 이런 '서브프라임 sub-prime' 대출은 결국 2007년 글로벌 금융 위기를 촉발한 주요 요인이 되었다.

신자유주의 정부는 늘어나는 공공 재정 적자를 우려하면서, 고령화 사회에서 사회복지와 노후생활 비용을 충당하기 위한 수단으로 국민들이 '자산을 축적'하도록 독려하는 것이 정치적으로 타당하다고 판단했다. 이 과정에서 '자산 기반 복지 asset-based welfare'라는 새로운 정책 기조가 등장했는데 국민 개개인이 자산을 보유하고 있으면 정부의 복지 비용 부담이 줄어든다는 의미다. 그러니까 자가주택 보유가 늘어나면 국민들이 복지나 노후생활, 연금 등을 정부에 의존하지 않고 주택 가격 상승과 같은 개인의 자산 가치 상승을 통해 해결할 수 있다는 뜻이다. 이렇게 되면 세금을 더 걷어 보편적 복지나 연금을 확대하자

는 주장은 지지를 얻기 어렵다.[31]

부동산 거품, 경제에 가장 심각하고 가장 오래 영향

—

그 결과 오늘날 대다수 선진국에서는 '주택과 금융의 순환 구조'가 확고하게 뿌리를 내렸다(〈도표 3-7〉 참조). 금융 규제 완화와 금융 혁신, 향후 주택 가격 상승에 대한 기대치 증가, 토지 가치 상승을 통한 자본 이득으로 경제적 지대를 얻을 수 있는 기회 증가, 주택자산 인출, 실질임금 감소, 사회복지 제도 축소 등과 같은 요소들이 결합되면서 강력한 주택과 금융 간의 순환이 고착되었다.

주택과 금융의 순환 구조는 금리가 낮고 급여가 안정적인 환경에서는 오랫동안 지속될 수 있다. 그런 조건에서는 가계가 대출 상환을 꾸준히 할 수 있기 때문에 소득 중에서 대출 이자와 원금 상환에 쓰이는 비율을 뜻하는 '부채 상환 비율debt-servicing ratio'이 감당 가능한 수준으

도표 3-7 **주택과 금융의 순환 구조**

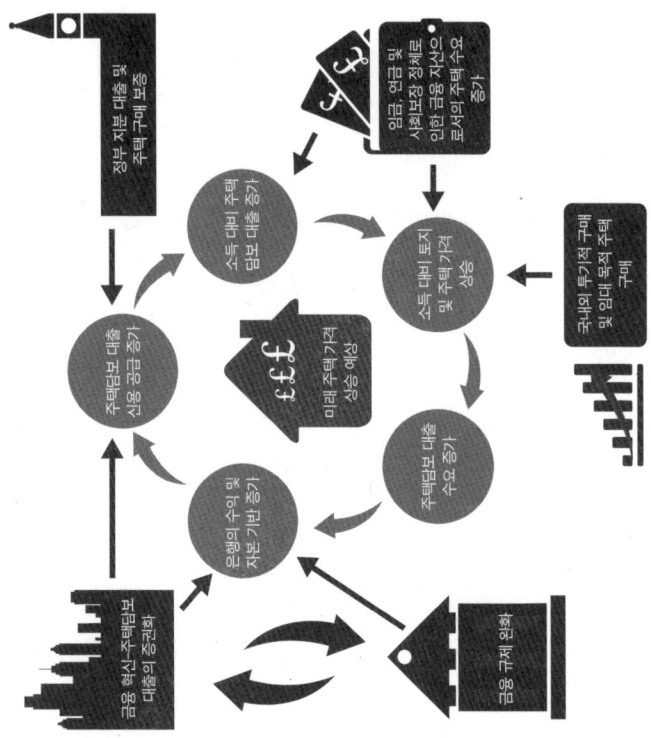

자료 출처: J. Ryan-Collins 및 A. Martin, 『*The Financialisation of UK Homes: The Housing Crisis, Land and the Banks*』 (London: New Economics Foundation, 2016).

로 유지된다. 게다가 주택 가격이 상승하면 주택과 토지의 현재 가치에서 주택담보 대출을 뺀 가계의 '순자산'도 증가한다. 이런 상황에서는 소득에 비해 부채가 늘어도 자산의 가치가 올랐기 때문에 가계는 소비를 지속할 여력이 있다고 느끼게 된다.

하지만 경제가 심각한 충격을 받거나 금리가 상승하면 이 모든 과정은 반대 방향으로 진행될 수 있다. 대출 금액이 큰 가계들은 부채 상환에 어려움을 겪게 되고 그에 따라 소비가 감소하게 되고 이는 전반적인 경기의 둔화로 이어진다. 이런 흐름이 지속되면 주택 가격이 하락할 수도 있는데 그렇게 되면 가계의 순자산도 줄어들고 은행에 제공한 담보의 가치도 떨어진다. 결국 이는 마이너스 자산 상태와 채무 불이행으로 이어질 수 있다. 자연히 기업 대출을 포함한 은행의 대출도 축소되면서 경기침체로 이어지고 주택 시장과 금융의 순환이 반대 방향으로 진행되면서 자칫 금융 위기로 이어질 수 있다.

그렇게 되면 정부를 제외한 경제의 모든 부문이 부채 상환에 주력하게 된다. 가계는 소비를 줄이고 그로 인해 수익이 감소한 기업들도 투자를 줄이고 부채를 갚으려 할 것이다. 은행들 또한 부실 위험을 줄이기 위해 신규 대출을 축소한다. 이와 같은 현상을 '대차대조표 불황balance-sheet recession'이라고 하는데, 여러 연구를 통해 이런 불황은 주식 시장 거품 같은 신용 거품이 없는 단순한 위기보다도 더 오래 지속되고 더 심각하다는 것이 드러났다. 또 신용 거품에 의한 불황 중에서도 토지와 관련된 신용 거품, 즉 부동산 거품의 충격이 가장 심각하고 오래 지속되는 것으로 밝혀졌다.[32]

주택 가격은 경제의 다른 부문보다 더 빠르게 상승할 수 있는 만큼 하락도 더 급격히 진행될 수 있다. 특히 투기를 목적으로 뛰어든 투자자들이 주택 가격은 하락하는데 금리는 올라 이자 납부 및 대출금 상환이 어려워 부동산을 헐값에 급매fire-sale로 내놓을 경우 이런 현상이 더 심해진다. 실제 이 같은 상황은 1973년과 1974년, 1990년대 초에 영국에서, 1990년대 초에 일본에서, 그리고 2007년과 2008년 글로벌 금융 위기 이후에는 거의 모든 선진국에서 발생했다. 이 모든 국가들에서 주택과 부동산 가격이 급격히 하락하면서 조정 장세에 접어들자 경제 전반에 걸쳐 장기적인 피해가 뒤따랐다. 현대의 경제는 대부분의 경제학자들이 주목해 왔던 일반적이고 단기적인 경기순환(business cycle, 보통 2-3년 주기)보다는, 주로 토지와 부동산 가치 변동이 주도하는 장기적인 '신용 및 금융 사이클'(16년에서 18년 주기)에 의해 더 많이 움직인다는 증거가 점점 더 늘어나고 있다.[33] 즉 부동산과 토지 가격이 주도하는 장기 금융 사이클이 현대 경제에서 더 중요한 역할을 한다.

전 세계로 퍼져나간
집값과 대출의 악순환
—

2007년-2008년의 글로벌 금융 위기는 아무런 조짐도 없이 갑자기 일어난 것처럼 보였다. 이런 위기를 예측한 경제학자나 금융 규제 기관은 거의 없었다. 그나마 예상했던 사람들은 무시를 당하거나 불길한 소리만 퍼트리는 비관

론자doom-monger로 낙인찍혔다. 그 이유는 1990년대 초부터 2007년 글로벌 금융 위기 직전까지 약 15년 정도의 기간이 언뜻 보기에는 경제사에서 가장 평온한 시기로 손꼽힐 만했기 때문이다. 소위 '대안정기Great Moderation'[20]라고 불린 이 시기에 선진국에서는 경제 성장이 꾸준했으며, 금리와 물가 또한 낮은 수준을 유지하면서 안정적이었고, 고용도 증가하고 있었다. 게다가 대부분의 중앙은행은 정부로부터 독립성을 확보했고, 각국의 재무장관들은 마침내 지난 수십 년 동안 반복된 '호황-불황 주기boom-bust cycle'를 끝낼 방법을 찾았다는 찬사를 받았다.

하지만 대안정기는 그저 환상일 뿐이었다. 경제학자들은 잘못된 지표들을 보고 있었다. 주류 경제 이론이 놓친 두 요소, 즉 은행 대출과 토지를 포함한 부동산은 새로운 방식으로 상호작용하며 경제적 폭발력을 일으켰다. 부실

---

20 미 연방준비제도이사회 의장을 역임한 벤 버냉키의 2004년 공개 연설을 통해 널리 알려졌다. 하지만 최근 연구를 통해 밝혀진 바와 같이, 경제가 안정적으로 보였지만 사실은 주택 가격과 가계 부채가 과도하게 상승하는 '숨겨진 불안'이 내재되어 있던 기간을 의미한다.

한 이론이 대부분의 경제학자들과 규제 기관들의 시야를 가리는 동안, 치솟는 주택 가격과 늘어나는 주택담보 대출은 정치인들에게는 도저히 거부할 수 없는 매력적인 유혹으로 다가왔다. 왜냐하면 주택 가격이 상승하면 사람들은 자신의 재산이 증가했다고 생각해 소비를 늘려 '단기적으로' 경제가 활성화된다고 믿었기 때문이다. 하지만 이 모든 것들이 맞물리면서 '퍼펙트 스톰perfect storm'[21]이 되어버렸다.

글로벌 금융 위기가 발생한 데에는 다양한 원인이 있지만 그 중에서도 결정적인 촉매제는 미국의 금융 시스템과 주택 시장 간의 상호작용이었다. 미국의 부동산 가격은 급격히 상승하면서 1990년대 후반에는 거품이 점점 더 커지고 있었다(〈도표 2-1〉 참조). 이렇게 된 핵심 요인 중 하나는 정부의 지원을 받는 준공공 기관들에게 그들이 매

---

[21] 원래 뜻은 개별적으로는 큰 위력이 없는 여러 자연 현상이 동시에 겹쳐 엄청난 위력을 발휘하게 되는 현상을 말한다. 경제 분야에서는 둘 이상의 악재가 동시에 일어나면서 예상치 못한 큰 경제 위기나 금융 위기가 발생하는 상황을 비유적으로 표현할 때 자주 사용한다.

입하는 주택담보 대출의 종류를 더 늘리도록 의무화한 것이다. 여기에 미국의 정치인들까지 가세해 이 기관들이 미국 내 저소득층이 주거 사다리를 오를 수 있도록 훨씬 더 많이 지원해야 한다고 주장했다. 그리고 1992년에 새로운 법안이 도입되면서 이들 기관은 처음으로 주택 가격의 95퍼센트 이상을 대출로 충당한 주택담보 대출도 매입해야 했다. 이는 은행이 주택 가격의 95퍼센트 이상까지 대출해 주었다는 의미도 된다.

같은 해 집권한 클린턴 행정부는 저소득층의 주택 보유를 정책의 우선 목표로 설정하고 창의적인 금융 상품과 대출이 그 열쇠가 될 수 있다고 판단했다. 그리하여 1993년에 통과된 새로운 법안은 정부 지원 기관들이 매입하는 주택담보 대출 중 30퍼센트는 저소득층과 중간소득층의 대출에 할애하도록 법적으로 규정했다. 이 비율은 1996년에는 40퍼센트, 2001년에는 50퍼센트로 점차 상향 조정되었다. 또한 저소득층이 대출을 받을 수 있도록 새로운 자산 기준을 도입했고 '소외지역 대출'과 '특별 저소득층 대출' 같은 새로운 유형의 저소득층용 대출 상품도 만들었다. 글로벌 금융 위기가 터지기 전에 이러한 과도한 주택담보 대출에 대해 경고했던 소수의 경제학자 중 한 명인 시카고 대학의 라구람 라잔Raghuram Rajan 교수는[34] 저소득층 가계에 대한 미국의 대출 정책을 한 마디로 이렇게 표현했다. "그들에게 신용을 먹게 하라Let them eat credit."[22]

결국 이와 같은 정책 때문에 정부 지원 준공공 기관들과 은행들은 부실 채권으로 인해 자기자본 대비 부채 비율이 높아지고 위험 또한 점점 더 쌓이게 되었다. 특히 정부 지원 금융 기관들은 추가적인 위험을 떠안고 있음에도 지난 수십 년간 그들이 누려오던 우호적인 자금 요건과 저렴한 자금 조달 구조를 유지하기 위해 적극적인 로비를 벌였다.

미국의 주택 가격 거품은 결국 2006년에 터지고 말았다. 그해 여름부터 서브프라임 모기지 시장에서 주택담보

---

22 프랑스 혁명 당시 마리 앙투아네트가 말했다고 알려진 "Qu'ils mangent de la brioche", 즉 "Let them eat cake"에서 따온 표현이다. 빵이 없으면 케이크를 먹게 하면 된다는 뜻으로, 가난한 사람들의 어려움을 이해하지 못하는 것을 뜻한다.

대출의 연체율이 증가하기 시작하더니 2010년 1분기에는 최고치에 다다랐다. 미국의 주택 가격이 폭락한 것은 이때가 처음은 아니었다. 하지만 이번 위기가 특별했던 이유는 미국의 많은 서브프라임 주택담보 대출이 미국의 한 은행이나 지역에 국한된 게 아니라, 복잡한 주택저당증권과 그에 기반한 파생상품 형태로 재포장되어 선진국 전역에 판매되었다는 점이다. 이들 상품은 투자은행, 연기금, 보험회사, 지방 정부 등 전 세계 다양한 기관에 팔렸다. 그런데 미국의 주택 가격이 급락하자 이들 상품들의 가치도 폭락하면서 해당 시장이 붕괴되었고 유럽 은행을 포함해 그 상품들에 대규모로 투자했던 은행들은 자금 조달 위기에 처하게 되었다.

이로 인해 시장금리가 갑자기 급등했고 은행들이 서로에게 돈을 빌려주는 것을 중단했다. 이는 지급 시스템과 금융 부문 전체를 위협하는 유동성 부족을 초래했다. 그러자 미국, 영국, 유럽의 금융 당국은 자국의 은행을 구제하기 위해 개입할 수밖에 없었고 대규모의 자금을 자국 통화로 은행에 대출해 주면서 급한 불을 일부 끌 수 있게 해주었다. 또한 각국 중앙은행들은 초기의 양적완화를 통해 막대한 규모의 지급준비금을 은행과 은행 간 시장에 공급해 가까스로 금융 붕괴를 막을 수 있었다.

이처럼 정부와 중앙은행이 대대적으로 개입한 덕분에 선진국들은 심각한 경기침체에 빠져들지는 않았다. 하지만 이번 경기침체는 과거 금융 위기 이후 발생했던 그 어떤 경기침체보다도 훨씬 오래 지속되었다. 정부의 재정 적자 또한 엄청나게 늘어났는데 이는 국민 세금으로 쏟아 부은 은행 구제금융과 장기적인 경기침체 때문이었다. 결국 주택 시장과 금융이 서로 영향을 주고받는 이러한 악순환은 전 세계로 확산되었고 대공황 이후 전례 없는 규모로 모든 선진국 경제에 심각한 피해를 입혔다.

스페인과 아일랜드,
주택 공급이 늘어도 집값은 계속 상승한 이유
—

글로벌 금융 위기로 이어진 미국의 서브프라임 위기는 의

심할 여지 없이 주택 신용의 버블과 붕괴를 보여주는 전형적인 사례로 기록될 것이다. 하지만 비슷한 현상이 다른 서구권, 특히 유럽 국가들에서도 일어났다는 사실을 잊어서는 안 된다. 주택과 금융의 순환 구조는 제도, 법률, 정책, 문화에 따라 나라마다 차이가 난다. 그래도 대체로 버블과 붕괴의 주기는 소도시보다 부동산 수요가 가장 많고 따라서 가격도 가장 비싼 대도시에 더 큰 영향을 미친다. 또한 대도시는 해외에서 유입되는 투기적 성향의 비은행 자본도 끌어들인다.

예를 들면 영국에서는 런던과 남동부 지역의 주택과 토지가 국내외 비은행권 투자자들에게 투기성 투자의 대상이 되었다. 또한 이 장에서도 언급한 다른 사람에게 임대하려는 목적으로 주택을 구매할 때 받는 Buy-to-Let 대출 시장은 1996년에 도입된 이후로 크게 성장했다. 따라서 일반인들도 쉽게 임대용 부동산에 투자할 수 있게 되었다. 또한 해외 투자자들이 영국 주택 시장에 투자하는 금액도 1994년의 연간 약 60억 파운드(약 11조 원)에서 2014년에는 약 320억 파운드(약 60조 원)로 증가하면서 영

국 전체 외국인 직접 투자의 17퍼센트를 차지했다.[35]

영국은 건축 허가와 토지 개발에 매우 엄격한 규제를 두고 있다. 그래서 1990년대와 2000년대에 주택담보 대출이 아무리 급증해도 무분별하게 신규 주택을 지을 수 없었기 때문에 건설 붐으로 이어지지 않았다. 하지만 이런 상황은 오히려 금융 위기 이후에 유리하게 작용했는데, 개발업자들이 주택 가격 하락과 공급 과잉으로 인한 극심한 손실을 애초부터 피할 수 있었기 때문이다. 반면 유로존 국가들, 특히 개발 및 건축 규제가 비교적 약했던 아일랜드와 스페인에서는 주택담보 대출의 급격한 증가가 건설 붐을 이끌면서 실물 경제에 재앙과도 같은 결과를 초래했다. 글로벌 금융 위기 이후에 많은 신규 주거용 및 상업용 부동산이 팔리지 않고 남아돌면서 공실 문제가 대규모로 발생했기 때문이다.

실제로 스페인과 아일랜드는 주택을 많이 짓는 것만으로는 높은 주택 가격 문제를 해결할 수 없다는 것을 잘 보여주는 대표적인 사례다. 아일랜드의 주택 가격은 1997년부터 2007년 사이 10년 동안 2배로 올랐고, 스페인의

도표 3-8   1980-2016년 사이 특정 유로존 국가들의 실질 주택 가격

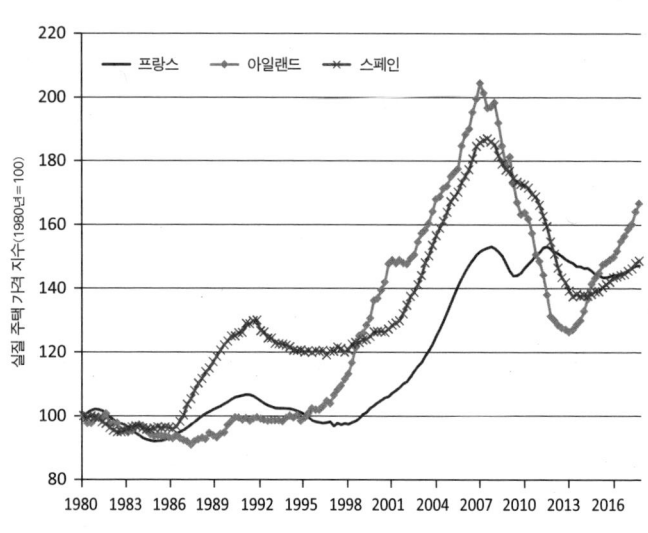

자료 출처: OECD 분석 주택 가격 지수

경우는 불과 6년 만에 50퍼센트가 상승했다(〈도표 3-8〉 참조). 이 기간 동안 두 국가 모두 엄청난 주택 건설 붐이 일었다. 두 나라의 주택 가격은 2007년 금융 위기가 터지면서 대출 상환이 연체되고 부동산 가치가 폭락하기 직전까지 계속 상승했다. 아무리 빨리 주택을 지어도 은행은 그

보다 더 빨리 새로운 대출을 창출할 수 있다. 즉 주택을 많이 지어도 대출이 더 빨리 풀리면 주택 가격은 계속 오를 수 있다는 것을 두 나라는 보여준다.

그렇다면 경제학자들과 금융 규제 당국들은 어떻게 글로벌 금융 위기를 예측하지 못했을까? 보다 근본적으로는 어째서 주택과 금융 간 이러한 순환 구조의 위험을 이해하지 못했을까? 그리고 위기 이후에 실제로 교훈을 얻었다는 그 어떤 증거가 있는가?

4

정부와 중앙은행은 책임이 없는가

"안정은 오히려 불안정을 초래한다"
—

규제 당국과 정책 입안자들이 2007-2008년 글로벌 금융 위기가 발생하기 이전에 소득에 비해 주택 가격이 폭등하고 주택담보 대출 또한 엄청나게 증가하는 것에 제대로 주의를 기울이지 않은 이유 중 하나는 당시 경제 성장이 대체로 안정적이었기 때문이다. 규제 완화 등을 비롯한 금융 자유화 덕분에 1990년대와 2000년대에 주택 가격 상승의 혜택을 누렸던 사람들은 적어도 일정 기간 소비를 늘릴 수 있었다. 즉 사람들의 소비 여력이 늘어난 것이다. 대다수 선진국의 경우 소비가 국민소득의 약 3분의 2를 차지한다는 점에서 이는 특히 중요한 의미를 지닌다.

주택 가격 상승이 소비 증가에 미치는 이러한 영향은 예금과 주택자산 인출, 이 두 가지 경로를 통해 작용한다. 주택담보 대출을 받을 때 담보 인정 비율인 LTV와 소득 대비 대출 비율인 LTI(loan-to-income ratio)가 높아지게 되자 가계는 더 많은 금액을 대출받을 수 있게 되었다. 그렇게 되자 굳이 주택을 구매하기 위해 많은 돈을 저축해야 할 필요도 줄어들게 되었고 이는 곧 현재의 소비 증가로 이어질 수 있었다. 또 주택은 이전에는 유동성이 낮아 쉽게 현금화할 수 없었는데 이제는 주택자산 인출을 통해 주택 가치 상승분을 담보로 대출을 받을 수 있게 되었다. 결국 이 돈으로도 소비를 늘릴 수 있었다. 1989년부터 2014년 사이에 유럽의 20개국 중 14개국이 주택자산 인출을 공식적으로 시행했다.[1]

특히 주택담보 대출을 보다 자유롭게 실행할 수 있는 나라에서는 주택 가격이 상승하면 소비도 함께 늘어난다는 뚜렷한 증거가 관찰되었다.[2] 〈도표 4-1〉은 글로벌 금융

도표 4-1   1990-2017년 사이 미국의 주택자산 인출 변동률

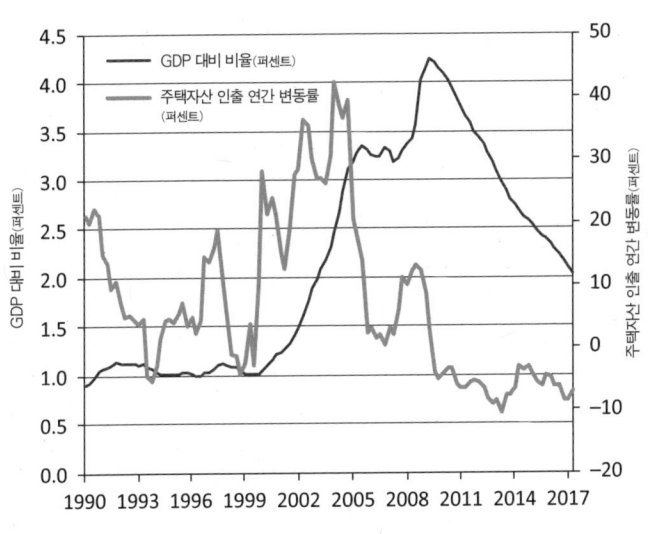

자료 출처: 미 연방준비제도

위기 직전인 2000년대 초반에 미국에서 주택자산 인출이 눈에 띄게 증가했음을 보여준다. 이 기간에 '주택자산 신용한도 대출Home Equity Line of Credit'[23]은 GDP의 1퍼센

23 주택을 담보로 대출 한도를 설정해 놓고 필요할 때마다 빌려 쓰고 상환할

트에서 4퍼센트 이상으로 급증했다. 영국과 오스트레일리아에서도 유사한 흐름이 나타났다. 그 결과 1990년대와 2000년대에 많은 선진국에서 발생한 실질임금과 생산성의 정체는 경제 성장 둔화로 바로 이어지지는 않았다. 오히려 주택 가격이 상승한 데다 주택을 담보로 대출을 쉽게 받을 수 있게 되면서 가계의 소비가 늘어났고 이 덕분에 성장이 유지될 수 있었다.

계속해서 증가하는 주택담보 대출은 이처럼 급여와 생산성이 정체되고 있는 상황에서도 소비를 늘려 경기 변동을 완화시켰다. 그러나 이는 은행권과 가계 모두에게 과도한 부채 부담을 떠안기면서 결국에는 금융 붕괴로 이어지는 취약성을 초래했다.[3] 늘어난 주택담보 대출을 통해 경기 변동이 완화된 것처럼 보였지만 사실 이는 거시 경제학이 제2차 세계대전 종전 후 상당 기간 간과해온 훨씬 더 크고, 더 길고, 더 위험한 '신용 사이클' 또는 '금융

수 있는 신용 한도 대출을 말한다. 마이너스 통장과 비슷하게 필요할 때 돈을 꺼내 쓰고 사용한 만큼만 이자를 내기 때문에 '주택담보 마이너스 대출'이라고도 한다.

사이클'의 누적을 위장한 것에 불과했다. 여기서 신용 사이클은 경제에서 대출이 늘어나고 줄어드는 주기를 말하며, 금융 사이클은 신용, 자산 가격, 금융 위험 등이 상승과 하락을 반복하는 주기를 말한다.

이러한 전개는 금융 주도 자본주의 시장에서 "안정은 오히려 불안정을 초래한다stability is destabilizing"라고 주장한 미국의 경제학자 하이먼 민스키Hyman Minsky[4]의 사상과 잘 맞아떨어진다.[24] 경기가 호황일 때는 자산 가격이 계속해서 상승하는 것처럼 보이기 때문에 은행, 기업, 가계를 포함한 모든 경제 주체들이 과도한 자신감을 갖게 되면서 더 많은 위험을 감수한다. 규제 당국과 경제학자들이 이러한 과정을 확실하게 파악하려면 신용의 흐름, 자산 가격(특히 주택 가격), 전체 부채 규모, 금융 및 '실물 경제' 대차대조표 전반을 자세히 살펴보아야 한다. 실제로 이러한 요소들을 제대로 파악해서 반영한 경제 모델은

---

[24] 하이먼 민스키는 경제가 안정되어 보일수록 사람들은 더 많은 위험을 감수하게 되고 그 결과 금융 시스템이 점점 더 취약해져 결국 위기를 초래할 수 있다고 보았다.

다가올 위기를 성공적으로 예측했다.[5] 하지만 이러한 속성을 무시한 표준 신고전주의 모델은 위기를 예측하지 못했다.

집값 상승은
경제를 효과적으로 부양했을까
—

당시 경제학자들과 규제 당국이 가계의 부채가 늘어나는 것에 대해 걱정하지 않은 또 다른 이유는 주택 가격 또한 상승하고 있었기 때문이다. 주택 가격 상승이 늘어나는 가계 부채 부담을 어느 정도는 상쇄한다고 인식한 것이다. 이러한 관점에서는 가계가 주택자산 인출을 통해 확보한 현금을 인테리어 공사 같은 비용이 많이 드는 소비에 미리 쓰는 것도 그다지 나쁘지 않은, 재정적으로도 합리적인 것으로 여겨졌다.

하지만 이 주장에는 많은 문제점이 있다.

첫째, 주택이 실재적이거나 영구적인 자산이라는 점을

도표 4-2 1980년과 2013년의 주택 가치 대비 주택담보 대출 비율

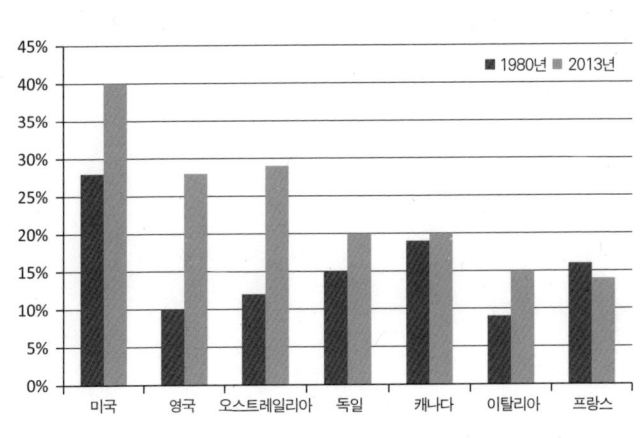

자료 출처: Ò. Jordà, M. Schularick, A. M. Taylor, '대규모 주택담보 대출: 주택 금융, 위기 및 경기 순환'. *Economic Policy* 31(2016): 107-52, 120; 오스트레일리아 중앙은행.

인정하더라도, 〈도표 4-2〉에서 볼 수 있듯이 지난 30년간 선진국의 가계는 주택 가격 상승분을 훨씬 초과하는 수준의 부채를 지고 있다는 점이다. 미국에서는 주택 가치 대비 주택담보 대출 비율이 1980년의 28퍼센트에서 2013년에는 40퍼센트 이상으로 증가했고, 영국은 10퍼센트를 약간 웃도는 수준에서 28퍼센트까지 증가했으며, 오스트레일리아도 이와 유사한 수준으로 상승했다.

둘째, 글로벌 금융 위기 당시 명확하게 보여주었듯이 주택 가격은 충격에 취약한데, 특히 급격한 신용 확대로 가격을 끌어올린 경우에는 더더욱 그렇다. 이런 상황에서는 주택자산 인출의 적정 한도를 정할 수 있는 '균형 주택 가격equilibrium house price'[25] 수준이 어느 정도인지조차 판단하기가 매우 어렵다. 게다가 보다 근본적으로는 토지의 가치가 어떤 일정한 균형 상태에 도달할 수 있다고 생각할 만한 근거 또한 없다. 왜냐하면 토지는 본질적으로 희소한 자원인 데다 그 토지를 활용해 생산 활동을 하는 경제는 계속해서 성장하기 때문이다. 그렇게 되면 토지의 가치, 즉 땅값은 일정한 균형 가격에 머무르기보다는 계속해서 상승할 수밖에 없다.

셋째, 자산을 기반으로 한 부의 증가를 통해 소비를 늘리려는 방법은 경제 성장을 유도하는 데 매우 비효율적인 방법이다. 자산 가치가 상승하면 실제 소득이 늘지 않

---

25 '주택 시장 균형 가격'이라고도 한다. 주택을 사려는 사람들의 수요와 팔려는 사람들의 공급이 일치하여 시장이 안정된 상태에서 형성되는, 즉 구매자와 판매자 모두가 만족하는 가격을 말한다.

아도 소비가 증가하는 현상인 부의 효과wealth effect를 발생시키거나, 주택자산 인출 등을 통해 소비를 소폭이라도 늘리려면 순자산이 큰 폭으로 증가해야 한다. 왜냐하면 자산 가치가 상승해도 실제 가처분소득이 늘어난 것은 아니기 때문이다. 게다가 주택 가격 상승으로 인한 부의 증가는 대체로 불평등하게 분배되는데, 주로 추가로 얻는 소득 단위당 소비하는 비율이 낮은 고소득층 주택 보유자에게 집중된다. 반면 주택이 없는 저소득층은 소득이 낮기 때문에 소득 대비 소비 비율이 높다. 그들은 주택을 통해 추가 수익도 올리지 못한다. 따라서 최저임금 인상이나 사회보장 비용 지출을 늘리는 것이 주택 가격을 끌어올리는 것보다 소비를 촉진하는 훨씬 더 효율적인 방법이 될 수 있다.

또한 가계가 주택자산 인출을 통해 현금화한 돈은 기업의 생산성 향상이나 혁신으로 이어질 수 있는 전통적인 형태의 자본 투자, 즉 새로운 생산 시설 설치나 신기술 도입, 연구개발 등에는 거의 사용되지 않는다. 대신 일반적으로 주택 리모델링이나 자동차, 가전제품, 가구 등 한번

사면 오랫동안 사용할 수 있는 내구재 구입에 주로 사용된다. 따라서 정부가 직접 개입해 공공 지출을 확대해 소비와 성장을 촉진시키는 전통적 케인스주의와 달리, 이처럼 민간 부문, 특히 가계가 자산 가치 상승으로 얻은 개인의 부를 활용해 소비를 늘리는 형태인 '민간화된 케인스주의Privatized Keynesianism'6는 정부의 인프라에 대한 자본 투자보다 경제 전반에 미치는 승수효과multiplier effect[26]가 적다.

〈도표 4-3〉은 1995년 이후 영국의 비금융 자산의 규모를 보여준다. 여기에는 토지, 재생산이 가능한 자본재의 총량(기계, 상업용 건물, 운송 수단, 정보통신 기술, 지적재산권 등 포함), 주거용 건축물 등이 포함된다. 자본재의 총량은 제2장에서 다루었던 고전 경제학자들이 '실질적 부'(real wealth, 실물 자산이라고도 한다)라고 부른 것이다. 그들은 토지 가치의 상승을 경제적 지대로 설명했다. 1995년 이후

---

26 초기 경제 활동이 경제 전반에 걸쳐 연쇄적으로 재순환되어 최종적으로 더 큰 경제 성장과 소득 증가를 일으키는 효과를 말한다. 이 개념은 케인스 경제학의 핵심 원리 중 하나다.

도표 4-3   1995-2017년 영국 GDP 대비 비금융 자산 비율

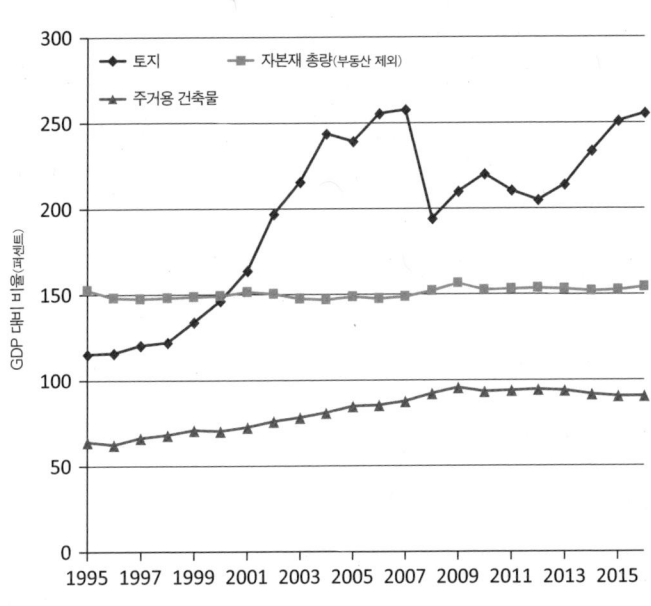

자료 출처: 영국 통계청 「블루북 국민대차대조표 2017」 표 9.2

영국의 자본재 총량의 규모는 GDP 대비 150퍼센트 수준에서 변동이 없는 반면, 토지 가치는 250퍼센트 이상으로 상승했다. 주거용 건축물은 GDP의 약 60퍼센트에서 90퍼센트로 완만하게 상승하다 글로벌 금융 위기 이후 정체

되었다. 이는 한마디로, 영국에서 가장 큰 부의 증가는 애초에 공급이 한정되어 있고, 재생산이 불가능하며, 직접적인 경제 활동도 하지 않고, 게다가 소수에게만 집중된 토지로 흘러들어 가고 있다는 것을 의미한다. 총 비금융 자산에서 토지 가치를 빼면 영국은 훨씬 더 가난한 나라처럼 보인다. 실제로 영국의 '실질적 부'는 1990년대 중반 이후부터 오히려 감소해 왔다고 볼 수 있다.[7]

중앙은행은 제대로 역할을 해왔는가

특히 각국의 중앙은행은 급격한 주택담보 대출 증가와 그로 인한 집값 상승의 위험을 예측하지 못한 데 대한 책임을 인정해야 한다. 대부분의 선진국 중앙은행들은 적어도 1990년대부터 다양한 부문별 대출 데이터(주택담보 대출에 대한 세분화된 데이터도 포함)를 추적해 왔다. 그러나 1990년대 초반부터 각국의 통화 정책은 '소비자 물가 안정'이라는 매우 좁은 목표에 치중해 왔다. 그로 인해 특정 경제 부문으로 유입되는 신용과 자금의 규모, 주택을 비롯한 자산 가격의 변동 등은 부차적인 문제로 인식했다. 그들의 핵심은 경제를 인플레이션과 산출량 간의 균형이 최적화될 수 있도록 '자연 이자율natural rate of interest'[27] 수준에 맞추는 것이었다.

이는 인플레이션 목표치(결국 2퍼센트가 바람직한 수치로 자리잡게 되었다)에 대한 공개적인 약속과 중앙은행이 정부로부터 간섭받지 않고 운영의 독립성을 확보했을 때 가장 잘 달성될 수 있다. 이러한 체제하에서는 특히 선거철에 정치적 압력으로 인해 단기간에 통화 정책이 지나치게 느슨해지는 것과 같은 일은 발생하지 않을 것이다. 통화 정책이 느슨해지는 것이 반복되면 그 자체로 인플레이션을 고착화시킬 수도 있다. 그러나 이때에도 각국의 중앙은행이 선호하는 인플레이션 측정 지표에는 주택 가격과 토지

---

[27] 경제가 완전 고용 상태에서 인플레이션 없이 균형을 이루며 지속될 수 있는 실질 이자율을 말한다.

가치는 포함되지 않았으며 대신 재화와 서비스로 구성된 '실물 경제'에 초점을 맞추었다.

인플레이션 목표치를 달성하기 위한 주요 정책 수단으로는 단기 금리 또는 정책 금리policy rate of interest 조정을 들 수 있다. 여기서 정책 금리란 중앙은행이 시중은행에 단기 유동성 조절을 위해 자금을 공급할 때 적용하는 기준 금리를 말한다. 모든 시중은행은 고객의 인출 요청이나 결제 대금 정산 등을 위해 이러한 자금을 필요로 한다. 이는 결국 중앙은행이 정책 금리를 인상하면 시중은행도 대출 금리를 올려 그 비용을 소비자에게 전가하게 되는데 그렇게 되면 대출 수요가 감소하고, 그 결과 통화량이 줄어들어 인플레이션이 목표치로 되돌아온다는 아이디어였다(그 반대의 경우도 마찬가지다).

1990년대 초반의 경기침체와 1990년대 후반의 닷컴 버블로 인해 미 연방준비제도를 비롯한 각국 중앙은행들은 금리를 인하했다. 하지만 이는 주택 가격과 토지 가치가 급격히 상승하기 시작한 시점과 맞물렸는데 이 거품은 결국 글로벌 금융 위기로 이어지게 되었다. 또한 중앙은행들은 1980년대, 1990년대, 그리고 2000년대에 걸쳐 주택담보 대출을 비롯한 금융의 규제 완화와 자본의 세계화를 감독하고 때로는 직접 주도하기도 했는데, 그 이유는 이렇게 하는 것이 시장의 효율성을 향상시킬 것이라고 확신했기 때문이다.

주택담보 대출과 생애주기 가설

중앙은행 정책에 영향을 미치는 주류 경제학에서는 주택담보 대출을 가계가 생애 전반에 걸쳐 소비와 저축을 원활하게 할 수 있게끔 해주는 수단으로 이론화하는데 이를 '생애주기 가설 lifecycle hypothesis'[28]이라고 한다. 사람들은 자신의 주택을 보유함으로써 얻게 되는 혜택을 향유하기 위해 오랜 기간 저축하는 대신, 생애주기 초기에 해당하는 젊은 시절에 자신의 소득 수준을 훨씬 초과하는 소비

---

[28] 사람들이 일생 동안 소비와 저축을 어떻게 계획하는지를 설명하는 경제 이론으로, 젊을 때는 소득이 적기 때문에 빚을 내서 소비하고, 중장년기에는 소득이 늘어나면서 저축을 하고, 노년기에는 저축한 자산을 소비하면서 생활을 유지한다는 이론이다.

를 하기 위해, 즉 주택을 구매하기 위해 거액의 대출을 받는 것을 기꺼이 감수한다. 이렇게 하는 이유는 이후 개인의 생산성이 향상됨에 따라 향후 자신의 소득 또한 증가할 것이라는 기대감 때문이다. 그렇게 더 나이가 들수록 주택담보 대출 대비 소득이 증가하여 초기 부채를 상환하고 은퇴 자금도 마련할 수 있을 거라고 생각하는 것이다.

주택 가격이 일시적으로 상승하면 '부의 효과'가 나타날 수 있다. 이는 자산 가치가 상승하면 사람들의 소비 여력이 늘어나 추가적인 지출을 자극할 수 있다는 것이다. 그러나 주택 가격의 상승은 동시에 주거 임대료의 상승 또한 초래한다. 그래서 주택을 소유하지 않은 사람들은 보증금을 마련하기 위해 더 많이 저축해야 한다. 또한 그들이 향후 주택을 구매하기를 원한다면 소비 또한 줄여야 한다. 따라서 주택 가격의 변동은 가계의 전체 부와 구매력보다는 가계의 '부의 분배'에 영향을 미치는 것으로 여겨진다.[8]

하지만 실증적 사례들은 생애주기 가설에 의문을 제기한다. 만약 그 가설이 맞다면, 인구의 고령화가 진행 중인

대부분의 선진국에서는 자산을 축적한 고령 인구의 비중이 과거에 비해 높아졌기 때문에 시간이 지남에 따라 가계 부채 수준이 낮아지는 경향을 보여야 한다. 하지만 실제로는 정반대의 현상이 나타나고 있다. 앞서 논의한 바와 같이 가계 부채, 특히 주택담보 대출은 거의 모든 선진국에서 GDP 대비 크게 증가했다. 미국의 경우에는 2003년 이후 가계 부채 잔액의 상당 부분을 젊은층(학자금 대출은 제외)이 아닌 고령층 가구가 지고 있다.[9]

영국과 오스트레일리아의 사례에 따르면 가계는 그동안 쌓아온 부를 노년에 쓰기보다는 자녀에게 증여나 상속 형태로 물려주는 경향을 보이고 있다. 반면 젊은 세대는 사업자금이나 교육비 등 대규모 일회성 지출을 충당하기 위해 주택을 담보로 한 주택자산 인출을 활용하는 경우가 점점 더 많아지고 있다.[10] 생애주기 가설은 '비대칭적인 소비 효과'를 초래하는 주택자산 인출의 역할을 본질적으로 무시하고 있다. 주택 가격 상승은 주택자산 인출 비율이 높은 국가에서는 소비에 긍정적인 영향을 미친다. 왜냐하면 주택 보유자들의 대출 증가로 인해 늘어난 순소비량이 주택을 보유하지 않은 사람들의 소비 감소를 상쇄하고도 남기 때문이다.[11] 하지만 반대로 주택 가격이 하락하면 대출이 어려워지면서 소비가 급격히 줄어드는 현상이 발생한다. 이것이 바로 비대칭적인 소비 효과로, 생애주기 가설은 이러한 점을 놓치고 있다.

은행의
부동산 담보에 대한 편애

각국 중앙은행들이 기준으로 삼는 신고전파의 '자연 이자율' 개념을 뒷받침하는 또 다른 핵심 전제는 대출받는 사람과 대출 기관 모두 자신들이 거래하는 대출과 관련된 위험에 대해 동일하게 높은 수준의 정보를 갖고 있다는 것이다. 따라서 이러한 위험 수준을 반영하는 금리를 선택함으로써 신용의 공급과 수요가 일치되어 시장은 효율적으로 균형을 이룰 수 있다고 보는 것이다.

  하지만 실제 현실에서는 대출을 받는 사람은 은행, 즉

대출 기관보다 자신의 향후 대출 상환 능력에 대해 더 많은 정보를 갖고 있다. 다시 말해, 각 대출 당사자 간의 정보 수준은 불완전하고 비대칭적이라는 것이다.[12] 이 같은 상황에서는 은행이 대출과 그것의 상환과 관련된 예측 불가능한 위험을 미리 충분히 반영하는 적정 금리를 산정하기가 어려워진다. 따라서 이러한 유형의 위험을 반영한 이자율은 매우 높아질 수밖에 없다. 그로 인해 신용도가 좋은 사람들은 금리 상승으로 인해 대출 시장에서 빠져나가고 오히려 매우 높은 위험 감수 성향을 가진 사람들, 즉 경제학에서 높은 이자율에도 불구하고 대출을 감행하는 사람들을 칭하는 '도박꾼gamblers'만 대출을 선택하게 된다. 이 문제는 경제학에서 '역선택adverse selection'으로 알려져 있다. 이는 거래 당사자 간에 정보가 비대칭적으로 존재할 때, 금리가 상승하면 더 높은 위험을 가진 사람들만이 거래에 참여하게 되어 결과적으로 시장 전체의 질을 낮추게 되는 현상을 뜻한다.

은행은 대출 여부를 결정할 때 단순히 금리만을 내세우는 것 말고도 또 다른 기준에 따라 대출의 규모를 제한

한다.[13] 이는 일반적으로 대출받는 사람의 상황과 관련이 있다. 이때 은행이 일반적으로 요청하는 것은 담보 제공이다. 이는 내출자(대출을 받는 개인이나 기관)가 대출 상환을 보장한다는 의미로 대출 기관에 자신의 자산을 담보로 제공한다는 뜻이다. 그래서 만약 대출자가 상환을 하지 못할 경우 은행은 대출의 근거가 된 담보를 압류하여 손실을 메운다.

이때 가장 바람직한 담보 유형은 쉽게 숨기거나 옮길 수 없고 시간이 지나도 가치를 유지하는 것이다. 이 기준에 가장 잘 맞는 것이 부동산, 그 중에서도 토지 부분이다. 토지가 투자자들에게 매력적인 자산으로 여겨지게끔 만드는 특성들이 은행 입장에서도 담보로서 토지를 매력적으로 느끼게 만든다. 주택담보 대출을 상환하지 못한 가계는 담보로 제공한 자신의 부동산을 은행이 압류하는 것을 막을 방법은 거의 없다.

다시 말해 이는 다른 모든 조건이 동일하다면, 은행 대출은 생산 활동을 하는 기업에 대한 대출보다 담보 설정이 가능한 자산, 특히 주택이나 상업용 부동산을 담보로 제공하는 대출에 자연스럽게 편향되는 경향을 보인다는 뜻이다. 이는 거시경제학적 관점에서 볼 때 다소 모순적이다. 왜냐하면 오히려 생산적 투자를 위해 기업에 대출을 해주는 것이 경제 성장, 혁신, 생산성 향상 등을 달성하는 데 큰 도움이 되고, 또 이를 통해 기업은 직원들의 급여를 올려줄 수도 있고 그로 인해 직원들은 가계의 부채 상환도 가능해지기 때문이다. 하지만 기업에 대한 대출보다 '담보 채널'(collateral channel, 은행 대출이 담보 자산에 의존하는 경로)과 그것이 부채와 소비 증가에 기여하는 역할은 생애주기 가설에 따른 부의 효과보다 현대 거시경제 역학을 주도하는 데 있어 훨씬 더 중요한 것으로 보인다.[14] 이는 부동산 중심의 금융 시스템이 가진 구조적 문제다.

몇몇 주요 경제학자들은 담보 채널이 은행 대출과 자산 가격에 영향을 미칠 수 있음을 인지하고 있었다. 글로벌 금융 위기 직전인 2006년에 미 연방준비제도이사회FRB 의장으로 취임한 벤 버냉키Ben Bernanke는 1990년대 후반에 여러 논문을 통해, 자산 가격이 상승하면 담보 가치가 올라가고 그로 인해 정상적인 경기 변동을 넘어서는 수준의 대출 확대와 레버리지 증가를 유발할 수 있다는 '금융 가속기financial accelerator' 개념을 발전시켰다.[15] 이 모델에서는 경제적 충격(경기침체나 호황 등)이 담보 채널을 통해 증폭되고 이로 인해 단기적 영향을 넘어서서 잠재적으로 장기간에 걸쳐 경기 변동을 일으킬 수 있다고 보았다. 다만 이 이론에서는 대출의 변화 자체가 독립적으로 경제에 충격을 일으킨다거나 생산량이나 인플레이션에 중대한 변화를 초래하는 것으로 보지는 않는다. 즉 대출을 경기 변동을 유발하는 직접적인 원인이 아닌 이미 발생한 충격을 '증폭시키는' 역할로 본 것이다.

아마도 이러한 이유로 각국 중앙은행이 지지하게 된 금융 가속기 이론은 규제 당국이 신용 사이클을 완화하기 위해 개입하는 것을 권장하지 않았다. 오히려 호황 국면에서 자산 가격이 과도하게 오르거나 대출이 과하게 팽창하더라도 사전에 개입해 그것을 억제하거나 막으려 하기보다는 차라리 거품이 터진 뒤에, 즉 경기침체가 올 때까지 기다렸다가 '사후 수습'을 하는 것이 낫다는 의견이 지배적이었다.[16] 이는 다음과 같은 배경에서 비롯되었다.

첫째, 자산 가격이 '기초 펀더멘털을 넘어서서' 상승하는 시점이 언제인지 정확히 파악하기가 어려웠고, 게다가 너무 일찍 개입하면 대출 확대에 불필요한 제약이 가해져 경제 성장의 동력을 과도하게 제한할 위험이 있기 때문이다. 둘째, 당시의 통화 정책은 대출 공급량 조절보다는 단기 금리 조절에 국한되어 있었는데 이는 부동산 가격과 같은 특정 시장을 겨냥하기에는 너무 무딘 수단이라고 여겨졌다. 셋째, 보다 일반적으로는, 주택 가격 상승은 경제 성장의 '건강한 신호'일 뿐만 아니라 오히려 이를 뒷받침할 수 있는 요인으로 인식하고 있었다.

그러나 최근의 연구에 따르면 토지와 주택 가격의 상승은 은행이 비금융 기업에 대한 대출을 줄이고 그것을 주택담보 대출로 대체하는 효과를 초래할 수 있다고 본다. 실제로 미국의 은행 대출에 대한 한 연구에 따르면, 주택 가격 상승은 은행들로 하여금 기업 대출을 줄이고 주택담보 대출을 더 선호하게 만든다는 결과가 나왔다.[17] 연구진은 실제로 이와 같은 변화가 은행과 거래 관계를 맺고 있는 기업들에 대한 투자 감소, 즉 대출 감소로 이어지고 있음을 발견했다. 다시 말해, 토지 및 주택 가격의 상승은 기업에 대한 대출 축소를 유발해 기업 투자에 잠재적으로 부정적인 영향을 미칠 수 있다.

21세기의 집값 폭등은
정부와 중앙은행에도 책임이 있다
—

그렇다면 과연 글로벌 금융 위기를 겪으면서 세계는 교훈을 얻었을까? 위기 이후 각국 중앙은행은 소비자 물가 상승률을 주요 정책 목표로 삼으면서도 주택 가격 동향을 보다 면밀히 모니터링하기 시작했고, 국가 경제 전반에 걸친 '시스템 리스크'에 대응하기 위해 부동산 신용을 제한하는 정책들을 도입하기 시작했다. 이를 '거시건전성 정책macroprudential policies'[29]이라고 한다.[18] 각국의 규제

---

[29] 개별 금융 회사의 부실을 막는 '미시건전성 정책microprudential policy'과

당국들은 주택담보 대출을 받을 때 LTV와 LTI에 상한선을 두었고, 영국, 오스트레일리아, 스위스, 뉴질랜드, 홍콩 등에서는 주택 구매자가 직접 거주하지 않고 제3자에게 임대하여 수익을 올리려는 목적으로 주택을 구매할 때 받는 임대용 대출과, 대출 초기에는 이자만 상환하고 원금은 나중에 일시 또는 분할 상환하는 대출 형태에 대해서도 규제를 강화했다.

물론 이러한 정책들은 환영할 만은 하지만 은행들이 부동산을 담보로 대출을 해주려는 강력한 유인책을 극복하기에는 아직 충분하지 않은 것으로 보인다. 과거의 경우에는 주택 가격 거품이 빠지면 소득 대비 주택 가격 비율이 대체로 장기 평균치 근처로 돌아왔지만 이번에는 그렇지가 않았다. 많은 선진국에서 새로운 규제를 도입했음에도 주택담보 대출은 증가하고 있었고 주택 가격 또한

달리, 전체 금융 시장과 국가 경제 전반에 걸친 리스크를 관리하고 금융 시스템 전체의 안정을 목표로 하는 정책을 뜻한다. 특히 금융 시스템 전체의 위험과 불안정이 경제 전반에 미치는 부정적 영향을 줄이는 데 중점을 둔다. 대출 규제, 은행의 자기자본 기준 강화, 대출 총액 제한, LTV 규제 등이 포함된다.

GDP 성장률은 물론 소득 증가율을 훨씬 뛰어넘는 속도로 상승하고 있었다.

세계에서 가장 부유하고 발전한 일부 선진국들이 또다시 주택담보 대출 증가와 주택 가격 거품에 휘말리고 있는 것으로 보인다. 캐나다 토론토의 주택 가격은 지난 5년 동안 2배로 뛰었다. 또한 현재 미국의 미상환 주택담보 대출 총액은 15조 달러로, 이는 2008년 글로벌 금융 위기 당시 최고치와 거의 비슷한 수준이다. 스웨덴의 경우, 2015년에 소득 대비 가계 부채 비율이 179퍼센트에 달했는데 이는 2008년 금융 위기 당시 미국의 최고치보다도 높은 수치다.[19] 네덜란드, 노르웨이, 벨기에에서도 비슷한 상황이 발생하고 있다. 한편 오스트레일리아와 뉴질랜드는 금융 위기 '이후' 주택 가격이 급등한 대표적인 나라로, 2012년 이후 불과 4년 만에 부동산 가치가 GDP의 3배에서 4배로 증가했다.[20] 이는 소득 증가율을 크게 앞지르는 수치다. 시드니와 멜버른 두 대도시에서는 2013년에서 2017년 사이 주택 가격 상승률이 각각 연평균 14퍼센트, 10퍼센트를 기록했다. 반면 글로벌 금융 위기 이후 영국과 미국에서는 평균 주택 가격이 크게 하락했는데도 실질임금 또한 정체되어 주택 구매력이 예상만큼 빠르게 개선되지 못했다.

주택담보 대출을 규제하기 위해 몇 가지 조치를 취했다고는 해도 각국 정부와 중앙은행 모두 최근의 주택 가격 폭등에 대해 책임을 져야 한다. 2008년 글로벌 금융 위기 이후 특히 미국을 중심으로 한 서방 국가들은 초기에 정부가 직접 개입해 케인스주의식 재정 부양책을 시행해 경기침체를 막았는데 이는 한동안 경제 성장을 되살리는 데 도움이 되는 듯했다. 그러나 경기 지표들이 개선되는 듯하자 각국 정부는 금융 위기 이후 은행 구제금융과 경기침체로 인해 누적된 대규모 재정 적자를 줄이는 데 집중했다. 이에 정부는 긴축 재정으로 전환해 공공 지출을 줄이는 동시에 완화적인 통화 정책을 펼쳐, 즉 저금리 기조를 통해 소비와 투자가 늘어날 것으로 기대했다. 경기가 회복되는 듯하자 시장도 다시 활기를 되찾을 것으로 기대한 것이다.

하지만 글로벌 금융 위기 이후 거의 모든 선진국에서

금리가 0퍼센트대로 인하되어 유지되었지만 경기 회복의 또렷한 조짐은 보이지 않았다. 경제학자들은 이번 위기가 매우 특별한 상황을 초래해 매우 낮은 금리의 대출조차도 자신감을 잃어 위축된 기업들에게는 그다지 매력적이지 않게 되었다고 주장했다. 그러자 각국 중앙은행은 양적완화라는 새로운 정책 시행에 착수했다. 2009년 이후 미국, 영국, 일본, 유럽 등 각국 중앙은행은 2018년 초까지 총 11조 달러 이상의 국채와 기타 안전 자산을 민간 투자자들과 금융 기관들로부터 대량으로 매입했고, 그 대가로 금리가 거의 없거나 제로 금리 상태로 새롭게 창출된 자금을 금융 기관에 공급했다. 11조 달러는 세계 금융 시장 전체에 상당한 영향을 끼칠 정도로 큰 규모다. 이 자금으로 투자자들이 기업이 발행한 채권이나 주식 같은 더 위험하긴 하지만 실물 경제에 보다 직접적으로 연관되는 자산에 투자하도록 유도할 수 있을 거라고 중앙은행들은 기대했다.

하지만 이러한 대규모 통화 확대 정책에도 불구하고 선진국의 경제 성장과 기업 투자에는 놀라울 정도로 거의 영향을 미치지 못했으며 많은 경우 금융 위기 이전 수준으로 회복하는 데 그치고 말았다. 그러나 양적완화는 자산 가격, 특히 주택 가격을 급등시켰다. 양적완화로 인해 형성된 '막대한 유동성의 물결wall of liquidity'[30]은 수익률이 높으면서도 안전한 자산에 대한 전 세계적인 수요를 폭발시켰다. 특히 세계적인 도시들의 땅과 부동산은 글로벌 투자자들에게 가장 매력적인 투자 대상 중 하나로 떠올랐다. 이는 여전히 부동산에 중독된 은행권을 통해 부동산 자산을 담보로 제공해 초저금리로 대출을 받아 쉽게 자금을 조달할 수 있었기 때문이다.

글로벌 자본의 로컬 부동산 시장 습격

―

지난 몇 년간 많은 국가의 국채 실질 금리가 0퍼센트 또

---

[30] 직역하면 '유동성의 벽'이지만, 중앙은행이나 정부가 경기 부양을 위해 금리를 낮추거나 양적완화 등으로 시장에 대량의 돈을 쏟아부어 그 결과 넘치는 자금이 마치 벽을 뚫듯이 자산 시장으로 몰려가 자산 가격을 올리는 현상을 비유적으로 표현한 말이다.

는 마이너스로 떨어지면서 파리, 뉴욕, 런던, 홍콩, 토론토와 같은 글로벌 도시들의 부동산은 사실상 '금'과 비슷한 위치를 차지하게 되었다. 이는 부동산 역시 본질적으로는 투기적이지만 여전히 '안전한' 가치 저장 수단이 되었다는 의미다. 이들 글로벌 도시들의 부동산 가격은 '동조화'되어 자국의 다른 도시나 지역의 주택보다 상호 간에 더 유사한 가격 변동 양상을 보이고 있다.[21] 즉 뉴욕의 집값이 오르면 런던의 집값도 오르는 것이다. 주택을 투기의 대상으로 보고 접근하는 투자자들은 국내나 해외를 막론하고 일반적으로 '최상급의'(매우 고가의) 부동산을 타깃으로 삼는데, 이는 결국 이들 도시의 주택 가격 전체를 자연스럽게 상승시킨다. 그 결과 중산층에게도 내 집 마련은 더 이상 감당할 수 없는 수준이 된다.

예를 들어 런던의 최근 연구에 따르면, 런던에 등록된 주택 거래 중 해외에 본사를 둔 기업이나 해외에서 설립된 법인들(즉 외국인 투자자들)의 주택 거래량 비중이 1퍼센트포인트 증가하자 런던의 주택 가격이 약 2.1퍼센트 상승한 것으로 나타났다.[22] 이는 글로벌 자본이 로컬 부동산 시장에 어떤 영향을 미치는지를 잘 보여주는 사례라 할 수 있다. 이에 런던 시장은 4년 만에 런던의 부동산 가격이 54퍼센트나 상승하자 외국인들의 런던 부동산 소유 현황에 대한 실태 파악을 지시했다.

또 미국에서는 주택 가격이 글로벌 금융 위기 당시 최고치의 명목 수준을 이미 넘어선 가운데, 전미부동산중개인협회에 따르면 중국 투자자들이 2016년 3월까지 1년 동안 총 270억 달러(대략 38조 원)에 달하는 2만 9천 채의 미국 주택을 매입했다고 한다.[23] 외국인 매수자들은 샌프란시스코, 시애틀, 뉴욕, 마이애미 등 몇몇 도시에 특히 집중하고 있다. 마이애미에서는 금융 위기 이후 볼 수 없었던 대규모 아파트 건설이 활발히 진행되고 있는데 이 중 일부는 베네수엘라 자금이 투입된 것이다. 오스트레일리아에서는 시드니와 멜버른이 아시아 투자자들의 대규모 투자 대상이 되고 있다.

선진국의 민간 임대 주택 및 사회주택 또한 영향을 받아 2008년 글로벌 금융 위기 이후 수년간 점점 더 '금융화'되었다. 이는 이들 주택 또한 단순히 '거주 공간 제공'

이라는 본래의 목적에서 벗어나 상품이나 투자 대상처럼 취급한다는 의미다. 민간 임대 시장은 점차 외국인 투자자들에게 개방되었는데 사모펀드, 헤지펀드, 국부펀드, 부동산투자신탁REITs 등 다양한 금융 및 부동산 투자자들이 저렴한 가격에 해외의 부동산을 매입한 후 임대료를 대폭 인상해 수익을 챙겼다. 과거에는 국가가 자금을 지원하던 저렴한 주택 사업도 이제는 민간 임대 시장으로 넘어가면서 임대료가 상승하게 되었다.[24] 주택 사업에 국가 재정 지원금이 줄어들게 되자 주택협회들은 훨씬 더 이윤을 추구하는 전략을 채택했다.[25]

선진국들의 증권화 재도입
—

2007-2008년의 글로벌 금융 위기 이후 금융과 주택의 순환 구조에서 가장 주목할 만한 변화는 급격한 주택 가격 상승으로 인한 부동산 거품과 금융 불안정의 주요 원인으로 여겨졌던 증권화를 주요 선진국들이 다시 도입한

점이다. 주택저당증권 시장은 위기 이후 붕괴되었고, 따라서 규제 당국은 이번에는 과거와는 다르게 증권화 관련 상품 거래의 안전성을 높이고 금융 기관이 위험 관리를 책임 있게 하도록 유도하는 장치를 마련하기 위해 다양한 조치를 취했다. 여기에는 대출을 처음으로 발행하는 은행originator bank, 즉 주택담보 대출을 고객에게 직접 실행하는 은행에게 더 높은 자기자본 요건을 갖출 것과 그들 역시 대출에 대한 일부 위험을 함께 부담하도록 의무화하는 위험 보유 유지 규정이 포함되었다. 이는 제3장에서 설명한 '발행 후 위험 분산originate and distribute' 모델의 문제점을 보완하기 위한 것이다. 과거에는 은행들이 대출을 실행한 뒤 곧바로 증권화해서 여러 투자자에게 팔아넘기면서 위험까지 전가하는 '발행 후 분산' 전략을 주로 썼는데 이런 방식 때문에 은행들이 대출의 질에 책임을 덜 지게 되어 부실 대출이 늘어나는 문제가 있었다.

각국의 규제 당국과 중앙은행들은 증권화 시장이 무너지지 않도록 막는 데 핵심 역할을 했다. 미국에서는 연방준비제도의 조치 덕분에 주택저당증권 시장이 회복될 수 있었다. 미 연방 정부가 지원하는 준공공 기관 성격의 주택 금융 보증 기관인 패니메이와 프레디 맥은 글로벌 금융 위기 당시 막대한 손실을 입어 재정 위기에 처했는데 이 때문에 미국의 관련 시장도 크게 위축되었다. 당시 연방준비제도가 이 두 기관이 발행한 수십억 달러 상당의 주택저당증권을 매입해 자산으로 편입함으로써 시장에 유동성을 공급할 수 있었는데 이를 통해 두 기관 또한 점진적으로 재정 건전성을 회복할 수 있었다. 현재 이들 기관은 미국의 사회화된socialized[31] 주택담보 대출 시장에서 미국 내 전체 주택담보 대출의 약 80퍼센트를 보증하고 있다. 반면 민간에서 자체 발행한 주택저당증권은 눈에 띄게 부진한 실적을 보이고 있다. 한편 유럽에는 미국과 같이 정부가 직접 보증하는 기관이 없기 때문에, 유럽중앙은행ECB은 시중은행들에게 주택저당증권을 포함한 광범위한 자산유동화증권ABS[32]을 담보로 제공받는 조건으로

[31] 미국의 주택 금융 시스템이 정부의 개입과 보증을 통해 운영되고 있다는 점을 강조할 때 이렇게 표현한다.
[32] 기업이나 금융 기관이 자신들이 보유하고 있는 자산asset을 근거로backed

대규모의 저금리 대출을 제공해 사실상 유럽의 증권화 시장을 혼자 힘으로 유지해 오고 있다.[26]

**유럽의 인증 제도,
부동산에 중독된 은행을 지원?**

실제로 유럽 각국의 중앙은행들은 유럽 경제 전반의 건전성을 위해 유럽 자산유동화증권 시장을 활성화하는 것이 매우 중요하다고 주장해 왔다.[27] 그래서 유럽중앙은행과 유럽연합집행위원회는 '단순하고Simple', '투명하며Transparent', '표준화된Standardized'(STS) 증권화 시장의 발전을 유럽 자본시장연합(Capital Markets Union, CMU)의 핵심 기반으로 규정했다. 이는 '복잡하고 불투명해서 문제를 일으켰던 과거의 증권화 시장'과 차별화된 전략을 추구하려는 것이다. 여기서 자본시장연합이란 유럽 각국의 자본시장을 통합해 유럽연합 안에서 자본의 국경 간 이동을 촉진해 단일 자본시장을 구축하려는 유럽연합의

발행하는 증권을 말한다.

전략적 정책 패키지를 뜻하는데, 이전의 은행 중심 금융에서 벗어나 비은행 대출과 자본시장 금융을 통해 개인과 기업의 자금 조달 경로를 확대하고 자본시장 기반을 강화하려는 목적을 갖고 있다.

정책 발표에서 유럽연합집행위원회는 인프라 투자와 중소기업의 자금 조달을 촉진하는 수단으로 이러한 증권화 시장의 발전을 강조해 왔다. 이들 두 분야는 일자리 창출과 경제 성장 측면에서 우선순위로 여겨진다. 하지만 실제로 증권화를 통해 중소기업과 인프라 투자에 자금을 성공적으로 조달한 사례는 거의 없다. 중소기업에 대한 대출은 각 기업마다 리스크가 다르고, 인프라 프로젝트도 규모, 기간, 리스크가 다양해 이들 각각의 대출에 수반되는 위험이 지나치게 개별적이어서 하나로 묶기가 어렵기 때문이다.

반면 부동산담보증권은 증권화하기가 항상 훨씬 용이했다. 담보물로서 부동산이라는 비교적 표준화된 가치가 있어 위험을 예측하고 관리하기가 상대적으로 쉽기 때문이다. 그래서 부동산담보증권은 전통적으로 증권화 시장에서 큰 비중을 차지했다. 그 중 제안된 법안에 따라 특정 기준을 충족하는 증권화 상품은 STS 인증[33]을 받을 수 있는데 이렇게 분류된 상품은 자기자본을 적게 쌓아도 되는 완화된 규제를 적용받게 된다.

유럽연합이 STS 인증 제도를 도입한 주요 근거 중 하나는 2008년 글로벌 금융 위기 당시 증권화로 인한 문제는 주로 미국 시장에서 집중적으로 발생했고 유럽 시장은 훨씬 더 견고하고 회복력이 강했다는 것이다. 따라서 유럽의 증권화 시장은 다시 활성화해도 괜찮다고 본 것이다. 그러나 미국과 유럽연합 간에는 주택담보 대출과 관련해 중요한 법적 차이가 있다. 유럽연합에서는 모든 주택담보 대출이 '전액 소구권 full recourse' 대출이다. 이는 채무 불이행 시 대출 기관은 대출자가 담보로 잡힌 자산을 압류할 수 있을 뿐만 아니라 담보로 제공하지 않은 그

---

[33] STS는 유럽연합이 도입한 건전한 증권화 상품에 대한 일종의 인증 제도로, 발행자가 "이 증권화 상품은 STS 기준(단순함, 투명함, 표준화됨)을 충족합니다"라고 선언하고 감독 당국이 이를 심사 및 인정하는 제도다. 시장에서는 일종의 인증 레이블 역할을 한다.

의 개인 재산 및 미래 소득에 대해서도 상환 청구권을 행사해 대출을 회수할 수 있음을 의미한다. 즉 대출에 대한 '전면 책임'을 뜻한다. 하지만 미국은 일부 주에서 '비소구권non-recourse' 대출을 허용한다. 이 경우 대출 기관은 오로지 담보로 잡힌 주택만 압류할 수 있고 대출자의 다른 자산이나 소득에는 청구권이 없다. 즉 추가적인 채권 행사가 불가능하다.

이러한 차이는 상환에 어려움을 겪는 대출자의 행동에도 중대한 영향을 미친다. 실제로 전액 소구권 법률이 없는 미국의 일부 주에서는 해당 법률이 있는 주보다 채무 불이행 비율이 30퍼센트 낮았다.[28] 이론적으로 생각하면 전액 소구권 제도가 없는 지역의 채무 불이행 비율이 더 높을 것 같지만 실제 현상은 다르게 나타난다. 전액 소구권 제도가 없는 주에서는 대출자가 부담할 채무가 담보로 제한되기 때문에 파산을 선택하는 대신 상환을 하려고 노력한다. 반면 전액 소구권 제도를 시행하는 곳에서는 상환이 제대로 실행되지 않으면 대출자가 법적, 금전적으로 심하게 압박을 받고 모든 자산과 미래 소득까지 회수당하기 때문에 문제가 심각할 경우 결국 채무 불이행으로 이어지는 비율이 높아진다. 결국 증권화 관행의 '안전성'은 유럽과 미국 간의 차이보다는 파산법과 훨씬 더 밀접하게 관련이 있다고 볼 수 있다.

유럽의 STS 인증 제도는 '단순하고, 투명하며, 표준화된' 증권화 상품을 지향하지만, 놀랍게도 주택담보 대출에서 가장 중요한 위험 지표인 LTV와 LTI에 대해서는 최소한의 제한이나 기준도 설정하고 있지 않다. 따라서 약탈적 대출로부터의 법적 보호나 주택 가격 거품으로 이어질 가능성이 있는 지속 불가능한 투자를 방지하는 것은 새로운 STS 인증 제도의 목표가 아니다. 또한 STS 제도를 설명하는 관련 법률 문서를 보면 증권화 과정에서 환율 스와프exchange-rate swap나 금리 스와프interest-rate swaps[34] 같은 파생상품의 사용을 장려하고 있는데 이들 상품은 금

---

34 환율 스와프는 서로 다른 통화를 일정 기간 미리 정한 환율로 교환하고 만기 시 원금을 다시 교환하는 계약을 말하고, 금리 스와프는 고정 금리와 변동 금리처럼 서로 다른 금리 조건의 이자 지급을 일정 기간 상호 교환하는 계약을 말한다.

융 위기의 주요 원인으로 널리 지목되어 온 것들이다.[29]

STS 인증 제도의 도입은 표면적으로는 금융 시장의 건전성과 투명성을 높이기 위한 것처럼 보이지만, 보다 설득력 있는 설명은 이 제도가 주로 유럽의 초대형 주택담보 대출 기관을 지원하기 위해 설계되었다는 점이다. 특히 영국과 네덜란드에 있는 이러한 은행들의 다수는 글로벌 금융 위기 이전에 발행된 상당량의 증권화 자산을 아직도 대차대조표에 보유하고 있다. 이들 중 다수가 만기가 다가오고 있어 향후 몇 년 안에 새로운 증권화 상품으로 재발행해야 한다.[30] 은행들이 이러한 대출에 필요한 자금을 안정적으로 조달하는 것이 매우 중요한데 그래야만 금융 시장의 유동성 위기를 막을 수 있다. 그러나 2007-2008년 글로벌 금융 위기의 근본 원인이 주택 시장에 대한 과도한 신용 공급(과잉 대출)이고 이는 부분적으로 증권화 때문임에도, 유럽 당국은 이 문제를 해결하기보다는 오히려 증권화를 낮은 자기자본 요건을 요구하는 매력적이고 안전한 투자 형태로 재포지셔닝함으로써 부동산에 중독된 은행을 지원하는 데 집중하는 것으로 보인다.

요약하자면, 각국 정부와 중앙은행은 경제를 활성화하고 은행 시스템을 재건하기 위해 자본시장과 다양한 글로벌 투자자들을 주택과 금융의 순환 구조 속으로 끌어들였다. 특히 세계 주요 글로벌 도시들의 부동산은 국채 수익률이 폭락하는 상황에서 사람들이 가장 선호하는 가치 저장 수단이 되었다. 이렇게 확보한 막대한 유동성은 다른 유형의 대출보다 부동산 담보 대출 중심으로 운영되는 은행 시스템에는 좋은 소식이었다. 하지만 이는 소득이 토지 및 부동산 가격 상승을 따라가지 못하는 선진국 사람들에게는 좋지 않은 소식이었다.

5

주택 시장과 금융의 악순환은
어떻게 끊어낼 수 있을까

**부동산은
지난 130년간 최고의 투자 대상**

—

현재 각국 정부는 주택 구매력 위기에 대해 심각하게 우려하고 있다. 그러나 주택 가격 상승의 원인을 공급 측면에만 초점을 맞추는 것은 주류 경제 이론을 반영하는 것으로, 이는 토지와 신용의 독특하고 상반되는 속성을 간과하는 것이다. 정치적 스펙트럼의 왼쪽에 있는 정치인이든 오른쪽에 있는 정치인이든 모두 이와 같은 오류를 범한다. 일반적으로 진보주의자들은 사람들이 원하는 매력적인 입지(전형적인 대도시)는 본질적으로 한정되어 있다는 사실은 거의 고려하지 않은 채 더 많은 주택을 건설해야 한다고 주장한다. 한편, 자유시장을 옹호하는 자유주의자들과 경제학자들은 도시개발 계획과 관련된 규제를 완화하면 모든 문제가 해결될 것이라고 주장한다. 하지만 그들은 도시개발에 대한 규제 자체가 토지의 희소성과 더 좋은 곳에서 살고자 하는 사람들의 끝없는 욕망에서 비롯된 것이라는 사실 자체를 간과한다.

물론 그렇다고 해서 도시개발 계획과 관련된 법률을 합리적으로 개정하거나 적절한 지역에 저렴한 가격대로 양질의 주택을 더 많이 공급하더라도 주택 가격에는 전혀 영향을 미치지 않는다는 의미는 아니다. 하지만 선진국에서 주택 가격이 높은 근본적인 원인은 공급 부족이 아니라 '과도한 투기 수요' 때문이다.

요약하자면, 이 책 전반에 걸쳐 계속 언급했듯이, 주택은 두 가지 경제적 기능을 수행할 수 있다. 하나는 소비재로 우리에게 따뜻한 보금자리를 제공하고, 직장과의 접근 편리성을 제공하고, 가족을 부양할 장소를 제공한다. 하지만 이와 동시에 또 다른 기능, 즉 금융 자산으로서의 역할도 하고 있는데 현재는 이 역할을 점점 더 많이 하고 있다. 우리들의 집은 저축, 주식, 국채와 같은 다른 형태의 자산보다 훨씬 더 많은 부의 증가를 제공할 수 있는 금융 자산이 된 것이다. 이러한 현상은 지난 수십 년 동안 특히 두드러졌는데, 실제로 부동산은 선진국에서 지난 130년 동안 '최고의 투자 대상'이었다. 주식과 동일한 연평균 7퍼센트의 수익률을 기록하면서도 변동성은 훨씬 적었기 때문이다.[1] 그리고 중요한 것은, 앵글로-색슨계 자유시장 경제 국가들에서 주택 소유는 가계가 부동산 가치 상승을 담보로 대출을 받을 수 있게 해주어 임금이 정체된 상황에서도 소비를 할 수 있게 해주었다는 점이다.

주택과 토지가 '소비를 부양하는 수단'으로서 광범위한 역할을 한다는 점이 정치인들이 주택 가격 상승을 유발하는 수요 요인과 주택과 금융 간 순환 문제를 다루는 데 소극적으로 임해온 이유 중 하나다. 이에 더해, 주택담보 대출이 은행의 대차대조표에서 핵심 자산이 되면서 은행의 재무 건전성이 주택 가격과 점점 더 밀접하게 얽히게 되었다는 문제도 있다. 이 같은 상황에서 주택 가격이 하락하게 되면 아직 상환하지 않은 부채 대비 담보 가치가 하락히는 셈이기 때문에 대출 회수 가능성이 낮아지고 부실화 위험도 커진다. 그렇게 되면 은행은 위험을 줄이기 위해 신규 대출을 제한하거나 심사 기준을 강화하면서 결과적으로 기업에 대한 대출까지 더욱 축소할 것이다. 마지막으로, 선진국 유권자 대다수가 주택 소유자라는 단순한 정치적 현실도 있다. 그리고 그들의 주택은 단연코 '가장 큰 부의 원천'이다.

이러한 암울한 전망에도 불구하고 희망을 가질 만한 이유들도 분명 있다. 주택 보유율의 감소로 정부에게 더 나은 주거 조건을 요구하는 새로운 유권자층이 형성되고 있는데 젊은 세대에게서 이런 현상이 특히 두드러진다. 예컨대 런던은 최근 임대 주택이 주거 형태의 대다수를 차지하는 도시가 되었다. 주택담보 대출 증가와 그로 인한 주택 가격 상승이라는 일반적인 패턴은 많은 선진국에서 공통적으로 나타나고 있지만 몇 가지 주요한 예외가 있기도 하다. 독일, 오스트리아, 일본, 한국, 싱가포르와

도표 5-1 1995-2016년 사이 독일, 일본, 한국 및 앵글로-색슨계 국가들의 소득 대비 주택 가격 비율(장기 평균치 100을 기준으로 한 지수)

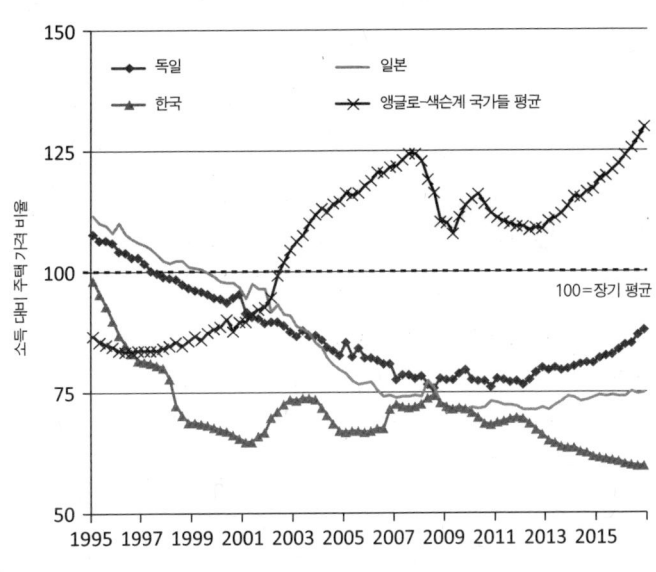

자료 출처: OECD 주택 가격 분석 데이터베이스

같이 경제적으로 성공한 선진국들에서는 〈도표 5-1〉에서 볼 수 있듯이 1990년대 이후부터 2010년대 초반까지 '일정 기간' 소득에 비해 평균 주택 가격이 오히려 하락하는 모습을 보였다.

이들 국가들은 특히 토지 시장, 주거 정책, 그리고 자국의 은행 시스템을 관리하는 방식에서 몇 가지 유사한 특징을 공유하고 있다. 이번 장에서는 이러한 사례를 바탕으로 첫째 금융 개혁, 둘째 세제 개혁, 그리고 마지막으로 토지 사용 및 소유 방식의 변화라는 세 가지 주요 영역을 다루면서 '주택과 금융의 악순환의 고리'를 끊을 수 있는 방법을 살펴보려 한다.

**금리보다
신용에 대한 통제를**
—

아마도 주택과 금융의 순환 고리를 끊는 데 있어 가장 중요한 핵심 과제는 은행이 주택담보 대출에 의존하는 구조에서 벗어나도록 하는 것이다. 이것은 단순한 '시장 실패' 같은 작은 문제가 아니다. 금융 시스템 전체가 부동산 쪽으로 지나치게 쏠려 있는 구조적인 문제이며, 따라서 전체 시스템을 바꾸기 위해서는 '정책적인 개입'이 필요하다. 이를 위해서는 여러 가지 방안들이 제시된다. 즉 은행이 부동산 담보 대출 대신 비부동산 부문에 더 많이 대출하도록 장려하기 위해 금융 규제를 개편하거나, 부동산 대출보다 기업 대출을 우선하도록 은행의 소유 구조와 기능에 대한 구조적 변화를 모색할 수도 있다. 또는 단순히 시중은행이 부동산 매입을 위한 신용 창출에 관여하지 못하도록 하는 동시에 다른 방식으로 부동산 자금을 조달하도록 유도하는 것이다.

정책 입안자들은 단순히 신용의 가격(즉 금리)에만 집중하기보다는 다양한 목적에 따라 신용의 규모와 배분을 규제하는 것도 고려해야 한다. 역사적으로 거의 모든 중앙은행은 대출의 총량이나 용도를 제한하는 '신용 통제', 금융 당국이 특정 산업이나 부문에 자금을 우선 공급하거나 집중하도록 전반적인 정책 방향을 제시하는 '신용의 방향 설정direction of credit', 신용의 방향 설정에 따라 금융 기관에 주어지는 구체적인 지침이나 권고를 의미하는 '신용 유도', 신용 공급의 형식을 구성하거나 설계하는 방식인 '신용 구조화framing of credit', '창구 규제window guidance'[35] 또는 '도덕적 권고moral suasion'[36] 등 다양한 용어로 불리는 공식적 및 비공식적인 양적 신용 규제를 시행해 왔다.²

특히 중앙은행이나 정부가 대출 총량이나 특정 유형의 대출에 대해 직접 제한하는 정책인 '신용 통제'는 동아시아 경제에서 그 효과를 발휘했다. 일본, 한국, 대만의 중앙은행은 1940년대 초반부터 이 정책을 도입해 이후 수십 년 동안 시행해 왔다.³ 이들 국가에서 중앙은행은 '창구 규제'라 불리는 정책을 통해 명목 GDP 성장률 목표치를 설정하고, 이를 달성하기 위해 필요한 신용의 총량을 계산한 다음, 이 대출을 여러 유형의 은행(대부분 공공 소유의 은행)이 담당하도록 배분했다. 그렇게 해서 만든 자금은 다양한 산업 분야에 할당되었다.

이러한 체제하에서는 토지와 부동산 매입을 위한 신용

---

35 창구 지도라고도 하며, 중앙은행이 시중은행에 대해 대출 확대나 축소를 직접 권고하거나 지시하는 비공식적 정책 수단을 말한다.
36 중앙은행이 도덕적, 공공의 명분으로 금융 기관에 자발적 협조를 요청하는 방식으로 직접적인 규제는 아니지만 상당한 영향력을 갖는다.

확대는 과도한 자산 가격 인플레이션을 불러오고 그 결과 은행 위기를 초래하는 것으로 간주되어 억제되어 왔다. 당시 대부분의 은행 신용(bank credit, 은행이 기업이나 개인에게 돈을 빌려주는 모든 형태의 금융 거래)은 생산적인 용도에 주로 할당되었는데, 더 많은 상품을 생산하기 위한 공장과 설비에 대한 투자, 더 많은 서비스 제공을 위한 투자, 또는 생산성을 향상시키는 다른 형태의 투자(예를 들자면, 새로운 기술이나 프로세스 및 노하우 도입) 등에 할당되었다. 동아시아는 이러한 신용 통제 정책이 시행되던 시기에 가장 빠르고 지속적인 경제 성장을 이룬 것으로 유명하다.[14] 이 당시에 주택 부문에는 심각한 신용 거품이 없었다.

동아시아 국가들에서 시행된 이와 같은 유형의 국내 규제는 국제적인 규제를 실행하는 기관의 지원을 받아 보완된다면 훨씬 더 효과적일 것이다. BIS와 IMF를 포함한 국제적인 규제 기관은 자본 및 유동성 요건 측면에서 '부동산 대출에 대한 은행의 강력한 편애'를 되돌려 놓아야 한다. 이때 규제는 토지를 기반으로 한 담보(부동산 담보) 말고 다른 방법을 통해 대출 위험을 줄일 수 있는 은행을 지원하는 방식으로 시행되어야 한다. 가장 명확하게는 주택담보 대출 말고, 비금융 기업체와의 장기적인 신뢰 관계를 바탕으로 한 기업 대출을 늘려 부실 위험을 줄여야 한다. 그리고 마지막으로, 가장 단순한 형태를 제외한 모든 자산유동화증권 발행을 금지해야 한다는 강력한 주장도 있다.

**주주 이익 우선의 대형 민간은행,
글로벌 금융 위기의 한 원인**

―

현대 은행의 대차대조표에 주택담보 대출 자산이 얼마나 깊이 뿌리 내리고 있는지를 고려하면 규제만으로는 한계가 있을 수 있다. 게다가 오늘날에는 은행업 및 자본시장의 경쟁이 매우 치열하고 글로벌화되어 있어 규제를 교묘히 회피하거나 악용하기가 훨씬 쉬워졌다. 이에 따라 외국계 은행과 그림자 금융shadow Banking[37]이 국내 규제를 우회하는 것을 막기 위해 각국 정부는 외환 및 자본 통제를 재도입해야 할 수도 있다. 그렇게 되면 차라리 구조 개혁이 더 효과적일 수 있다.

여러 연구에 따르면 은행이 누구에게 어떻게 대출을 해줄지는 그 은행의 소유 구조, 은행의 규모, 제도적 요인 등에 크게 영향을 받는 것으로 나타났다. 1990년대 이후부터 금융 규제가 완화되면서 은행 간 인수합병 M&A이 많아졌다. 그래서 예전에는 여러 형태의 은행들이 다양하게 있었는데 큰 은행들이 작은 은행들을 인수 및 합병하게 되면서 선진국의 은행 시스템은 점차 획일화되고 다양성이 줄어들게 되었다. 특히 금융 위기 이후 이런 현상이 두드러졌다. 그 결과 영미권 국가들에서는 투자은행과 소매은행 기능을 결합한, 개인 투자자들이 주주인 대형 민간 은행들이 지배적인 모델이 되었다. 과거에 주택담보 대출을 전문으로 하던 협동조합형 금융 기관들은 점점 사라지거나 대형 은행에 흡수되었다.

37 말 그대로 '그림자 속에 있는 금융 시스템'으로, 헤지펀드, 사모펀드, 자산운용사 등 은행과 비슷한 기능을 수행하지만 중앙은행의 엄격한 규제와 감독은 받지 않는 비은행 금융 기관을 말한다.

주주가 오너인 민간은행은 '거래transaction 은행' 모델로 운영되고 있다. 이 모델은 대출 심사 시 대출자의 신용을 평가할 때 사람의 판단보다는 자동화된 신용 평가 시스템을 활용하는 것을 선호하고, 매 분기마다 높은 자기자본이익률ROE을 달성하길 요구하고, 특히 담보가 확실한 대출을 강하게 선호한다.[5] 또한 점점 더 대출을 증권화해 이를 외부에 판매해 수익을 창출하는 방식을 선호하고 있는데 가장 인기 있는 증권화 상품은 주택저당증권이다. 이처럼 당장 눈앞의 주주 이익에 집중하는 경영 방식은 은행으로 하여금 과도한 위험을 감수하면서까지 이익을 내도록 부추길 뿐만 아니라, 거래 비용은 많이 드는데 상대적으로 대출 규모는 적은 중소기업에 대한 대출은 대형 민간은행 입장에서는 사업적으로 타당성이 떨어진다는 것을 의미한다.[6]

**독일의 주택담보 대출이
GDP의 30퍼센트에 불과한 이유**

반면 독일, 스위스, 오스트리아 같은 국가에서는 '관계 중심 은행bank relationship' 문화가 훨씬 더 강하게 자리 잡고 있다. 예를 들면 독일에서는 전체 은행 예금의 3분의 2를 협동조합형 은행이나 공공 저축은행에서 관리하는데 이들 은행 대부분은 지역 사회 또는 그 지역 시민이나 그들의 대표 및 그 지역 기업들이 소유하고 있다. 이러한 '이해관계자 은행stakeholder bank'[38]은 기업 대출에 보다 더 중점을 두고 있으며, 담보 요구 조건이 그리 엄격하지도 않고, 대출 및 기타 의사 결정권도 각 지점에 위임한다.[7] 이들은 담보로 부동산을 요구하는 대신, 대출을 받고자 하는 기업과 오랜 기간에 걸쳐 구축한 탄탄한 관계와 해당 기업에 대한 깊은 이해를 바탕으로 대출에 대한 위험을 줄인다. 선진국 은행권 전반에서는 주택담보 대출 중심으로 전환하는 것이 일반적인 패턴이지만 독일에서는 비금융 기업체에 대한 대출 비중이 GDP의 50퍼센트로 주택담보 대출 비중보다 훨씬 높다. 주택담보 대출은

---

[38] 일반적인 상업은행과는 달리, 이익을 주주뿐만 아니라 다양한 이해관계자에게 돌리는 은행을 말한다. 특히 고객, 지역 사회, 직원 등의 이익을 고려한다.

도표 5-2 1968-2013년 사이 독일의 은행 신용 배분 및 실질 주택 가격(GDP 대비 신용 잔액 비율)

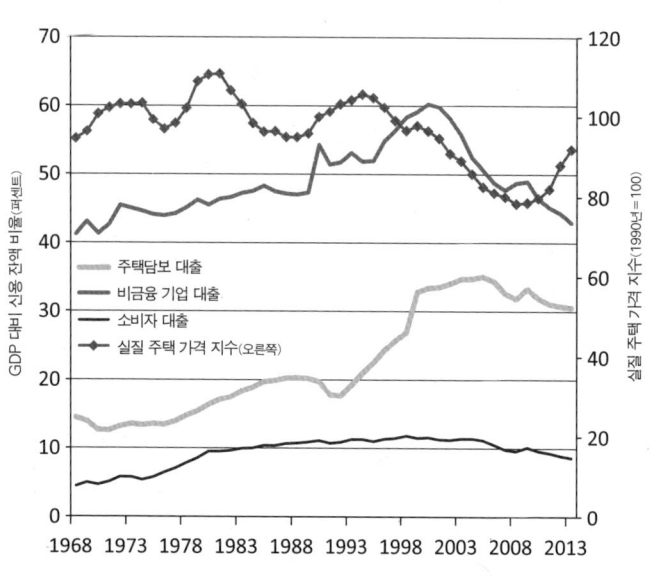

자료 출처: D. Bezemer, A. Samarina, L. Zhang, '은행 신용 배분의 변화: 새로운 데이터와 새로운 결과'. 네덜란드 중앙은행 연구부, DNB 워킹페이퍼 559(2017년).

GDP의 약 30퍼센트 수준에 머물러 있다(도표 〈5-2〉 참조).[8] 이는 선진국 평균 주택담보 대출 비중이 70퍼센트, 비주택담보 대출 비중이 50퍼센트인 것과는 확실히 대조적이다(〈도표 3-1〉 참조).

실제 연구들에 따르면, 공공 저축은행과 협동조합형 은행과 같은 이해관계자 은행은 금융 충격, 예컨대 금리 변동 같은 충격에도 주택담보 대출과 비주택담보 대출 모두 안정적으로 유지하는 반면, 주주 중심의 민간은행은 경기 변동에 훨씬 더 민감하게 반응하는 것으로 나타났다.[9] 이러한 현상은 이해관계자 은행의 대출 방식이 담보 가치보다는 관계에 기반을 두고 있다는 점에서 볼 때 그리 놀라운 일이 아니다. 자신들이 대출해준 기업과 오랜 시간 신뢰 관계를 쌓아온 은행이라면 힘든 상황이라도 함께 헤쳐 나갈 수 있을 거라고 믿을 것이다. 실제로 2000년대에 발생한 주주 중심 은행 모델로의 전환과 이해관계자 은행으로부터의 이탈이 금융 위기의 한 원인이었음을 시사하는 여러 증거들이 있다.[10]

민간은행을 대신하는 국영은행들

이해관계자 은행과 관계형 대출(기업과의 오랜 관계를 기반으로 한 대출)을 장려하는 데는 상당한 시간이 걸릴 수 있다. 특히 기존 주주 중심의 민간은행들과 효과적으로 경쟁할 수 있는 규모의 경제를 갖추지 못한 상황에서는 더욱 힘들다. 따라서 생산 활동, 혁신, 저렴한 주택 공급 등을 지원하기 위해서는 무담보 대출이 필요한데 이를 보완할 수 있는 보다 직접적인 방법은 국영 투자은행(SIB, state investment bank)을 새로 설립하거나 확장하는 것이다. 개발은행development bank 혹은 공공 은행이라고도 불리는 이들 기관은 정부 소유이거나 정부의 재정 지원을 받아 운영되는 금융 기관으로, 주로 산업 부문에 전략적이고 장기적인 자금을 제공하는 것에 중점을 둔다.

개발은행은 19세기 유럽의 급속한 산업화 과정에서 핵심 역할을 수행한 것으로 인정받고 있다. 특히 유럽 전역에 걸쳐 철도와 운하를 건설하는 데 필요한 인내 자본patient capital[39]을 제공하며 자본주의 생산 방식에 혁명

---

39 '장기 투자 자본'이라고도 한다. 당장 단기적인 수익은 없더라도 언젠가는 큰 수익을 가져올 수 있을 것이라고 믿고 장기 투자하는 자본을 말한다.

을 일으킨 것으로 평가받고 있다. 19세기의 가장 대표적인 개발은행은 프랑스의 사회주의 사상가이자 개혁가인 앙리 드 생시몽(Henri de Saint-Simon, 1760-1825년)을 따르던 자들이 1852년에 설립한 크레디 모빌리에 Crédit Mobilier 은행이다. 이름만 봐도 다른 은행과의 차이를 알 수 있을 것이다. 부동산을 담보로 돈을 빌려주는 주택담보 대출 전문 은행이나 토지은행과는 대조적으로, 크레디 모빌리에는 '동산'을 보유한 사람들에게 자금을 대출해 주어 산업 활동을 장려하는 것을 목표로 삼았다.[12] 이 은행은 특히 프랑스의 교통 인프라 건설에 필요한 자금을 지원했는데, 프랑스의 개별 가문들이 소유한 은행들이 주로 제공하는 단기 고금리 대출 대신 저금리의 장기 지분 투자나 채권 발행을 통해 자금을 지원했다.[13] 또한 주식을 소유하거나 기술자 및 전문 지식 등을 제공하는 방식으로 유럽 대륙의 다른 개발은행들을 지원해 유럽 전역으로 철도망이 확장되는 데 기여했다.[14]

대공황을 거치고 이후 제2차 세계대전까지 치르면서 자금 조달이 어려워지자 주택담보 대출은 거의 끊기고 부동산 또한 전쟁으로 대규모 파괴된 상황에서 국가가 지원하는 국영은행들은 서구와 동아시아 경제를 재건하는 데 중요한 역할을 했다. 미국에서는 루스벨트 대통령이 시행한 뉴딜 정책의 핵심 기구인 재건금융공사RFC가 국영은행의 대표적인 사례로, 1930년대 대규모 인프라 확장에 필요한 자금을 공급했다.[15] 국영 투자은행들은 1970년대와 1980년대 동아시아 국가들의 급속한 성장, 이른바 '동아시아의 기적'에서도 핵심 역할을 했다. 1970년대까지 전 세계적으로 볼 때 선진국 대형 은행 자산의 50퍼센트, 개발도상국 대형 은행 자산의 70퍼센트는 정부 소유였다.[16] 하지만 1980년대와 1990년대에 신자유주의 금융 정책이 본격적으로 시행되면서 공공은행에 민영화 바람이 불어닥쳤다. 실제로 1987년부터 2003년까지 전 세계적으로 250개 이상의 정부 소유 은행이 민영화되었는데 정부는 이 과정에서 은행 지분을 매각해 약 1,430억 달러의 자금을 확보할 수 있었다.[17]

   국영 투자은행은 혁신을 촉진하는 데에도 중요한 역할을 할 수 있다. 왜냐하면 민간은행이나 투자자들이 너무 위험하거나 수익률이 낮다고 판단해 투자를 꺼리는 잠재적 성장 분야에 인내 자본을 제공할 수 있기 때문이다.[18] 예를 들어 최근의 연구에 따르면, 녹색 에너지 프로젝트를 지원하는 인내 자본의 상당 부분이 민간 부문이 아닌 국영 투자은행을 포함한 공공 기관에서 나온 것으로 드러났다.[19] 또한 과거부터 현재까지 국영 투자은행들은 시중 은행을 통해 자금을 조달하는 데 어려움을 겪고 있는 중소기업을 지원해 왔는데 많은 경우 이들 기업은 부동산 담보가 부족했다. 실제로 제2차 세계대전 이후에 설립된 독일과 캐나다의 국영 투자은행들은 60년의 역사 동안 자국의 중소기업을 지속적으로 지원하는 데 중요한 역할을 해왔다.

2007년 글로벌 금융 위기가 발생하자 전 세계의 많은 국영 투자은행들은 경기침체기에도 자금을 공급하고 투자를 확대하여 경기를 지탱하는 데 주요 역할을 수행했다. 구체적으로는 2007년부터 2009년 사이에 대출을 평균 36퍼센트 늘렸고 일부는 대출 규모를 100퍼센트 이상 늘리기도 했다.[20] 즉 민간은행이 점차 실물 경제에서 발을

빼고 금융화되는 과정에서 국영 투자은행들은 그 공백을 메우며 점차 국내외에서 성장과 혁신을 주도하는 핵심 주체로 자리 잡게 되었다.[21]

부동산이라는 담보물,
그 위험을 해소하기 위한 대안들
―

은행 대출은 지분 투자와 같은 다른 형태의 방식에 비해 몇 가지 장점이 있다. 가장 분명한 것은 대출을 받은 사람이 정상적으로 부채 상환을 하는 한 대출 기관은 고정된 수입, 즉 이자 수익을 얻을 수 있다는 점이다. 반면 지분 투자는 투자자가 대출자와 위험을 공유한다. 투자자는 고정된 이자를 받는 것이 아니라 기업의 성과에 따라 이익을 공유하거나 손실을 감수한다.

하지만 1980년대 이후 은행들이 점점 더 부동산 관련 대출로 방향을 틀면서, 이제는 은행 대출이 경제에 긍정적인 효과를 더 많이 주는지 부정적인 영향을 더 많이 끼치는지에 대한 판단 자체가 어려워지고 있다. 은행 대출로 촉발된 주택 가격 거품과 그에 따른 금융 위기는 최근 수십 년간 빈번해졌고 이로 인해 경기침체도 더욱 깊어지고 있다. 부동산 담보는 겉보기에는 안전해 보이지만 실제로 주택담보 대출은 본질적으로 은행에 위험하다. 왜냐하면 주택담보 대출은 일반적으로 만기가 길고 부동산 담보는 쉽게 현금화하기가 어려워 유동성이 낮기 때문이다. 그 결과 은행들은 심각한 '만기 불일치' 문제를 안게 되었고 유동성 위기에 처할 가능성도 더 커졌다.[22] 만기 불일치란 은행이 보유한 자산(대출)과 부채(예금)의 만기 시점이 서로 달라 자금을 제때 조달하거나 회수하기 어려운 상황을 말한다. 또한 이 책 전반에 걸쳐 살펴본 바와 같이, 토지가 본래 희소하고 공급이 한정되어 있다는 것은 경제 상황의 변화에 따라 토지와 부동산 가격이 다른 자산보다 일반적으로 더 빠르고 크게 상승하거나 하락할 수 있음을 의미한다. 따라서 이런 속성을 지닌 토지나 부동산 자산을 담보로 대량으로 보유하고 있는 은행은 다양한 업종에 걸쳐 기업 대출을 다각화한 곳보다 경기 흐름에 따라 더 크게 흔들릴 수 있다.

2007-2008년 글로벌 금융 위기 이후, 대출에 기반한 주택 구매 방식에 대한 문제의식이 제기되면서 이를 대신할 다양한 대안들이 제시되었다. 그 중 한 가지 아이디어는 주택담보 대출이 보다 더 '지분과 같은equity-like' 형태여야 한다는 것이다. 즉 주택 가격이 떨어질 경우 그 위험을 은행과 주택 소유자(대출받는 사람)가 함께 감수해야 한다는 것이다. 이는 이슬람식 주택담보 대출처럼 은행과 거주 가구가 주택의 공동 소유자가 되는 것으로, 거주자가 주택담보 대출을 완전히 상환할 때까지 주택을 공동 소유하는 방식이다. 이슬람 문화권에서는 종교적 규범 때문에 이와 같은 모델을 실행하는데 대출금에 대한 이자를 받는 대신 공동 소유 구조를 통해 거주자와 수익을 나누기 때문에 위험 분산 효과가 있다.

또 다른 대안으로는 '책임 분담형 주택담보 대출shared responsibility mortgage'이 있다.[23] 이 방식은 주택 구매자가 주택에 대한 소유권을 단독으로 가지면서도 주택 가격이 하락할 경우 은행과 손실을 함께 부담하는 구조다. 따라서 주택 가격이 떨어지면 매달 납부해야 하는 대출 상환액도 자동으로 조정되어 줄어든다. 반대로 주택을 팔 때 주택 가격이 올라가면 은행은 그 상승분의 일정 부분을 수익으로 가져가는 구조다. 하지만 이러한 방식이 저소득층을 보호할 수는 있겠지만, 급격한 경기침체기에 부동산이 헐값으로 팔리는 것을 막거나 호황기에 은행이 과도한 주택담보 대출을 실행해 주택 가격 상승에 기름을 붓는 것을 막기에 충분할지는 여전히 불확실하다.

    부동산과 금융 간의 연결을 끊는 보다 확실한 방법은 은행이 부동산을 담보로 대출을 해주는 것을 아예 금지하는 것이다. 이 방법을 실제로 시행한다면 연기금이나 보험회사처럼 장기 투자를 하는 기관들이 주택 구매에 필요한 돈을 대출해줄 수 있다. 그렇게 하면 은행처럼 단기 예금을 받아 장기 대출을 해주는 만기 불일치 문제도 해결할 수 있다. 이런 기관들은 투자 기간이 매우 길기 때문에 지분 형태와 유사한 상환 계약에 비교적 쉽게 동의할 수 있다. 이때 은행들은 우량 주택담보 대출을 담보로 커버드 본드를 발행해 여전히 일정 역할을 수행할 수 있다.

덴마크는 이런 제도를 수년간 매우 성공적으로 운영해 왔다. 덴마크의 주택담보 대출 시장은 GDP 대비 규모가 컸음에도 불구하고 글로벌 금융 위기 당시 거의 타격을 받지 않고 위기를 잘 넘겼다.[24]

세제 개혁,

가치 상승분에 세금 부과

—

은행 시스템을 개혁하면 부동산으로 유입되는 가장 중요한 자금원, 즉 새롭게 창출된 신용과 화폐가 줄어들 것이다. 하지만 글로벌 금융 위기 이후처럼 저금리 시대에는 토지와 주택은 투기를 목적으로 하는 투자자들에게는 여전히 매우 매력적인 금융 자산으로 인식될 것이다. 앞 장에서 살펴봤듯이, 선진국에서 자가주택 보유가 지배적인 주거 형태가 된 이후 부동산은 매우 유리한 세제 혜택을 받아 왔다. 따라서 주택 가격을 좀 더 소득 수준에 가깝게 되돌리고 부동산으로 과도한 이익을 챙기는 걸 막으려면 부동산에 주는 세금 혜택을 중지하고 주식이나 채권처럼 부동산도 다른 금융 자산과 동일하게 취급하는 것이 꼭 필요하다.

경제학자들은 서로 의견이 일치하지 않는 것으로도 유명하다. 그런 그들도 예외적으로 의견이 일치하는 항목이 하나 있는데 바로 토지 가치가 상승할 때마다 정기적으로 세금을 부과하는 것, 즉 토지가치세(LVT, land value tax)를 부과하는 것은 좋은 아이디어라는 것이다. 이것은 앞서 제2장에서 살펴본 것처럼, 고전 경제학자들과 헨리 조지가 토지 지대 문제를 해결하기 위해 선호한 방식이었다. 토지가치세를 부과하는 방식에는 여러 가지가 있지만, 기본 개념은 해당 토지 소유자에게 아직 개발은 되지 않았지만 그 땅의 시장 가치가 점진적으로 증가하면 그 증가분에 대해 해마다 세금을 부과하는 것이다.

여기서는 '미개발된 토지의 가치'라는 개념이 중요하다. 토지가치세의 목적은 토지 소유자 자신이 직접 노력해서 얻은 것이 아닌, 그의 땅이 있는 특정 지역에 대한 투자(지방 자치 단체나 중앙 정부 등 공공이 하는 투자)에서 발생하는 경제적 이익을 최대한 정확하게 포착하는 것이다. 결국 토지가치세는 그 토지에서 발생하는 경제적 지대를 공공의 재정으로 환수하는 역할을 하게 될 것이다. 예를 들어, 당신의 집에 새 주방을 설치하거나 다락방을 리모델링하더라도 당신 집이 터를 잡고 있는 그 아래 토지의 가치에는 아무런 영향을 미치지 못한다. 그러나 당신 집 근처에 새로운 지하철역이 생겨 도심으로 훨씬 더 빠르게 이동할 수 있게 되면 당신 집이 자리 잡고 있는 그 토지의 위치 가치(locational value, 입지 가치라고도 한다)는 상승한다. 이때는 매년 세금을 더 많이 부과하는 것이다. 그 반대의 경우도 마찬가지다. 위치의 가치가 하락하면 세금도 줄어든다.

    이런 유형의 토지가치세는 공정하고 경제적으로도 효율적이다. 토지를 소유하는 것 자체에 세금, 즉 일종의 비용이 해마다 부과되는 셈이기 때문에 시세 차익을 노려 투기적 목적으로 토지를 구매하려는 유인을 감소시킬 것이다. 부동산 가치가 상승할 때마다 세금이 추가로 더 부과된다는 사실을 알게 되면 사람들은 주택을 투기적인 금융 자산이 아닌 거주하기 위한 공간, 즉 보다 더 소비재로 인식하고 구매할 것이다. 또한 개발업체가 아직 개발되지 않은 토지를 미리 사서 땅값이 오르기만을 기다리면서 아무 개발도 하지 않고 쓸데없이 묵혀두는 것(일종의 '토지 사재기'라 할 수 있다)이나, 주택 수요가 충분히 있는데도 일부러 개발 속도를 늦춰서 공급을 조절해 주택 가격을 높이려는 관행도 줄어들 것이다. 이 같은 관행은 특히 영국처럼 주택이 부족한 국가에서는 심각한 문제인데 토지가치세 도입으로 이런 문제도 해결될 수 있을 것이다.

그래서 결과적으로 주택 가격도 하락할 것으로 예상되면 주식이나 기업에 대한 투자처럼 보다 더 생산적인 다른 형태의 투자가 더욱 매력적으로 느껴질 수 있다. 마찬가지로 기업들도 자신들의 수익을 부동산을 사들이는 데 쓰는 대신 설비 투자나 생산성 및 혁신을 높이기 위한 자본 투자에 더 많이 쓸 것이다.

토지가치세가 도입되면 자연스럽게 주택담보 대출은 감소할 것이다. 현행 시스템에서는 토지 가치가 상승하면 토지 소유자(혹은 주택 소유자)는 부동산 가치 상승으로 인한 혜택을 오롯이 누리게 된다. 대부분의 선진국에서는 주택자산 인출을 통해 이러한 상승분을 현금화할 수 있다. 이때 토지의 가치가 상승하고 그에 따라 담보로서의 부동산 가치 상승폭이 커질수록, 다른 조건이 동일하다면, 은행이 내줄 수 있는 대출 금액도 커진다. 대출 규모가 크고 대출 기간이 길수록 토지의 경제적 지대가 이자 형태로 상당 부분 은행으로 유입되면서 은행의 수익 또한 늘어날 것이다. 만약 이러한 상황에서 토지가치세가 높게 부과되면 토지 가치 상승분의 대부분이 세금 형태로 공공 자금으로 유입되는데 그렇게 되면 가계가 담보로 사용할 수 있는 부분은 매우 적게 된다. 이는 필연적으로 주택담보 대출의 규모와 은행으로 유입되는 이자 수익을 감소시킬 것이다.

또한 토지가치세는 다른 세금처럼 투자 결정을 왜곡하지 않기 때문에 효율적일 수 있다. 소득세와 판매세는 사람들의 소비 여력을 감소시켜 경제 전체의 수요를 감소시킨다. 또 기업의 이윤에 부과하는 세금은 기업이 직원들의 임금을 낮추거나 투자를 줄이게 만들 수 있다. 그렇다고 해서 모든 세금을 폐지해야 한다는 뜻은 아니다. 오히려 그 세금 부담을 토지에서 발생하는 경제적 지대로 전가할 필요가 있다는 뜻이다. 놀랍게도, 오늘날 '부동산세immovable property tax'[40]는 OECD 회원국 평균 GDP의 1퍼센트, 총 세수의 2.5퍼센트에 불과하다.[25]

토지는 은닉하거나 조세 피난처로 옮길 수도 없어 토지 가치에 부과된 세금은 회피하거나 빠져나가기도 어렵다. 이는 최근 국경을 넘나들며 세금을 회피하려는 디지털 자산이나 금융 소득과 관련된 조세 회피 스캔들에서 볼 수 있듯이 글로벌화된 세계에서 벌어지는 다른 여러 형태의 세금과는 매우 대조적이다. 또한 경험적 사례들을 통한 연구들에서 부동산에 부과되는 세금이 경제 성장에 가장 적은 피해를 주는 반면, 소득세와 법인세가 가장 큰 피해를 끼친다는 결과가 나왔다.[26]

---

40 재산세, 종합부동산세, 취득세 등 부동산을 취득하고 보유하는 데 부과되는 세금이다. 양도소득세는 여기에 포함되지 않는다.

OECD와 IMF도
인상을 촉구하는 부동산세

—

여기서 드는 의문은 토지가치세가 이처럼 분명한 경제적 이점이 많은데 왜 아직도 많은 국가에서 시행되지 않고 있는가다. 주택 소유와 주택을 통한 부의 창출이라는 개념이 문화적으로 깊게 뿌리 내린 서구 민주주의 국가에서는 토지와 주택에 대한 어떤 종류의 재산세든 그것을 부과하는 것에는 많은 정치적 어려움이 있다. 특히 자산은 풍부하지만 현금이 부족한 캐시푸어 cash poor 가계나 개인에게 세금을 부과하면 그들의 생활비나 현금흐름이 크게 감소할 수 있다.

하지만 이런 걱정들은 충분히 해결할 수 있다. 어떤 종류의 토지세든 소득세나 판매세처럼 사람들이 부담을 크게 느끼는 인기 없는 세금을 줄여주는 포괄적인 세제 개혁의 일환으로 도입하면 훨씬 더 받아들이기 쉬울 것이다. 저소득 주택 소유자에게는 세금을 면제해 주거나 주택 매각 시까지 납부를 유예할 수 있도록 해주면 토지세가 직면하고 있는 정치적 반발도 줄일 수 있다. 또는 주택 소유자가 매년 국가에 납부하지 않은 세금에 해당되는 만큼 일정 부분의 부동산 지분을 포기함으로써 토지나 부동산 가치 상승에 따른 이득을 지역 사회가 함께 누릴 수 있도록 할 수도 있다.

또 다른 대안은 대규모의 토지세 수입을 국민 전체에게 균등하게 분배하여 일종의 '보편적 기본소득'으로 활용하거나 국민건강보험과 같이 많은 사람들이 널리 이용하는 공공 서비스의 재원으로 사용하는 것이다. 이렇게 되면 세금에 대한 반감을 줄일 수 있다. 또한 토지를 개인이 아닌 사회 전체의 자산으로 보고 토지에서 발생하는 재산세를 마치 모든 시민들이 일정하게 나눠 갖는 '토지 배당금land dividend' 이미지로 재구성하면 대중의 상상 속에서 훨씬 더 매력적으로 다가올 수 있다. 마지막으로, 근로소득이나 연금소득에서 원천징수하는 방식으로 떼가면 세금에 대한 체감도가 줄어들어 사람들이 정치적으로도 더 쉽게 받아들일 것이다.

결국 토지에 세금을 부과하고자 할 때 직면하게 될 가

장 큰 어려움은 사회에서 가장 힘 있는 집단의 저항일 것이다. 왜냐하면 그들이 토지나 부동산을 가장 많이 보유했을 테고 그로 인해 가장 많은 세금이 부과될 것이기 때문이다. 하지만 최근 수십 년간 선진국들은 소득이 정체되고 인구의 고령화가 진행되면서 기존의 세수 구조가 한계를 보이고 있기 때문에 이 정책이 정치적으로 더욱 매력적으로 보일 수 있다. 최근 OECD와 IMF를 비롯한 주요 국제 기구들은 글로벌 경제 위기 이후 부동산에 부과하는 세금이 경제 성장을 촉진하는 데 가장 적합한 세금으로 보고 부동산세를 인상할 것을 촉구해 왔다. 소득은 감소하고 부는 증가하는 가운데 금융 자산을 찾아내 세금을 부과하는 것이 점점 더 어려워지게 되면서 정치인들은 세수 기반을 유지하기 위해 토지와 부동산에 세금을 부과하려는 유혹에 빠질 수 있다.

**토지를
투기의 대상에서 배제시키는 방법**

—

주택과 금융 간의 악순환을 끊을 수 있는 세 번째 방법은 토지 가치와 주택 구조물 가격을 분리하는 것이다. 쉽게 말해, 주택 가격은 토지 가치와 주택 건축물 가치가 합쳐져 구성되는데 이 중 토지 가치를 시장과 금융 시스템 바깥으로 빼내자는 것이다. 이렇게 되면 대출을 받을 때 담보로 많이 제공되던 토지가 더 이상 담보 역할을 할 수 없게 되어 은행에서 대출을 받는 것이 보다 신중해지고 따라서 주택과 금융 간의 악순환 고리가 줄어들 수 있다는 뜻이다. 그럼 결국 은행은 대출 위험을 줄일 수 있는 다른 방법을 찾아야 한다. 시간이 지날수록 토지 위에 있는 건축물의 가치는 하락할 수밖에 없는데 그런 건축물만을 담보로 선뜻 대출을 해줄 은행은 거의 없다. 효과적으로 시행되고 정기적으로 갱신되는 토지가치세는 이러한 목표를 달성하는 데 어느 정도 도움이 될 수 있다. 다만 모든 세금에는 정치적 상황이 바뀌게 되면 단계적으로 폐지될 수 있는 위험 또한 존재한다.

토지의 양은 한정되어 있지만 토지를 어떻게 사용할지, 누가 소유할지, 누가 관리하고 통제할지 등과 관련된 규칙, 관습, 정책 등은 역사 전반에 걸쳐 시대와 문화, 국가에 따라 매우 다양하게 변해 왔다. 그런 법과 제도, 사회적 관습, 정책 등이 토지의 경제적 역할을 결정하는 중요한 요인이다.[27] 예컨대 15세기 후반 영국에서 인클로저(enclosure, 공유지의 사유화) 운동이 시작된 이후 '개인의 토지 소유'가 급격히 확대되면서 전 세계적으로 지배적인 토지 소유 형태로 부상했다. 그러나 대부분의 역사적 대변혁처럼, 완전히 다른 경제적 및 문화적 뿌리를 가진 다른 흐름들도 동시에 나타났다. 오늘날의 선진국에서도 개인의 토지 소유는 절대적인 것이 아니며 대안적인 소유 모델 또한 계속 유지되고 있다.

싱가포르 정부, 국민 83퍼센트에 주택 임대

가장 단순하게 말하면, 토지의 공공 소유란 국가나 지방 정부 같은 공공 기관이 토지의 소유권을 갖는 것을 말한다. 이러한 소유 방식은 토지를 시장에서 영구히 배제해 투기의 대상이 되지 않도록 막고 그 과정에서 지대를 사회 전체의 이익으로 환원하는 역할을 한다. 오늘날 공공이 소유한 토지는 널리 퍼져 있는데 공원과 도로에서 공공 주택과 문화유산 건물에 이르기까지 다양한 형태를 띠고 있다. 토지를 영구적으로 공공이 소유하면 시장의 논리만 따져 더 수익성 좋은 용도로 대체되어야 하는 특정 지역에서도 수익성은 낮아도 사회적으로 바람직한 용도로 사용할 수 있는 곳을 계속 보존할 수 있다.

인구 밀도가 높은 도시 국가이자 2024년 기준 604만 명의 인구가 거주하는 섬나라인 싱가포르의 경우 전체 토지의 90퍼센트를 국가가 소유하고 있다. 싱가포르 정부는 대부분의 토지를 1966년에 토지수용법 Land Acquisition Act이 제정된 이후인 1960년대, 1970년대, 1980년대에 취득했다. 이 법안은 국가가 공공 목적을 위해 민간 토지를 빠르게 수용할 수 있도록 허용했는데, 이때 토지 소유자가 국가에 요구할 수 있는 보상의 범위나 절차는 엄격하게 제한해 국가가 토지를 쉽게 확보할 수 있게 했다. 이로 인해 싱가포르는 단기간 내에 대규모 토지를 국유화했고 이를 기반으로 공공 주택 사업을 추진할 수 있었다. 현재 싱가포르 인구의 83퍼센트가 주택개발청HDB을 통해 정부로부터 장기 임차한 주택에 거주하고 있다. 또한 국가 소유의 토지는 주택 건설 등을 위해 민간 개발업체에 임대되고 건설이 완료된 후에는 다시 정부에 반환되어 최종적으로 주민들에게 분양된다.

싱가포르 주택개발청은 중앙적립기금(Central Provident Fund, CPF)을 통해 주택개발청의 주택 소유자들에게[41] 대출 금리나 조건이 일반 시중은행보다 유리한 주택담보 대출을 제공하기도 한다. 중앙적립기금은 고용주와 근로자가 매달 급여의 일정 비율을 근로자의 기금 계좌에 의무적으로 납부하는 완전 적립형 사회보장제도로, 적립금을 오래 쌓아두지 않고 현재 납부금으로 현재 복지 부문

---

[41] 싱가포르 주택개발청의 주택에 거주하기 위해선 최장 99년간 거주할 수 있는 임차권을 사야 한다. 그 주택은 매매, 상속, 담보 설정 등이 가능하기 때문에 사실상 임차인을 주택 소유자라고 볼 수 있다.

에 사용하는 방식으로 관리된다.[28] 이렇게 모은 적립금을 정부는 국채에 투자하고 이를 바탕으로 주택개발청에 다양한 형태의 저금리 주택자금 대출을 제공해 은행이 아닌 정부를 통한 비은행권의 사회화된 주택담보 대출 금융이라는 선순환 구조를 만들어냈다. 이러한 방식은 실제로 저렴한 가격의 주택을 공급하는 데 효과적인 것으로 입증되었다.[29] 실제로 싱가포르의 평균 소득 대비 주택 가격 비율은 아시아에서 가장 낮은 편에 속하며 이 비율은 1990년대 중반 부동산 거품 이후 2000년대 초반까지 지속적으로 하락했다. 싱가포르의 이와 같은 시스템은 정부에 상당 규모의 공공 재정 수입원을 제공했다. 2012년 한 해에만 정부 소유의 토지를 민간에 매각해 싱가포르 정부가 거둬들인 수입은 총 91억 파운드(약 17조 원)에 달했다.[30]

한국에서는 전체 주거용 토지 개발의 절반과 거의 모든 산업용 토지 개발이 한국토지주택공사(Korea Land & Housing Corporation, LH)를 통해 이루어졌다. 1975년에 설립된 이래로 몇 차례 이름이 바뀐 한국토지주택공사[42]는 토지를 효율적으로 관리하고 경제 발전을 촉진해 국가의 경제 구조를 변화시키는 데 중요한 역할을 해왔다. 주요 임무에는 주거용 토지의 개발 및 판매, 사용하지 않고 있는 유휴지와 공터를 매입한 뒤 현재의 활용도를 기준으로 한 비교적 낮은 가격으로 재판매, 신도시 개발 등이 포함된다.³¹ 이러한 활동은 과거 한국에서 토지와 주택이 적정 가격을 유지하는 데 기여했다.

물론 많은 서방 국가에서는 국가가 토지의 대부분을 소유하는 것이 정치적으로 실행 가능하지 않을 수도 있다. 그러나 보다 규모가 작다면 비슷한 원리가 적용될 수도 있다. 만약 특정 공공 기관이 현재의 활용도를 기준으로 한 저렴한 가격으로 토지를 확보해 새로운 주거 단지를 건설하고자 하는 의지와 능력이 있다면, 그 기관은 신도시 개발로 인해 발생하는 토지 가치 상승분을 매우 쉽게 확보할 수 있다. 그렇게 되면 애초의 토지 매입 비용을 상쇄하는 것은 물론 초과 이익도 낼 수 있으며 그 수익

---

42 1975년에 '토지금고'라는 이름으로 설립된 이래로 한국토지개발공사, 한국토지공사로 이름이 변경되어 오다가 2009년에 대한주택공사와의 통합으로 한국토지주택공사가 되었다.

금은 인프라 확충 등에 투자할 수 있다. 이는 1960년대에 영국이 신도시를 개발할 때 적용한 모델로 당시 개발은 매우 성공적이었다.

유사한 접근 방식을 활용해 인프라 제공으로 발생한 토지 가치 상승분도 회수할 수 있다. 만약 공공 기관이 개발되기 이전의 가격으로 토지를 취득한 경우라면 새로운 인프라 시설이 들어선 후 보다 높은 가격으로 토지를 매각하거나 임대하여 그 가치 상승분을 직접 확보할 수 있다. 이러한 형태의 토지 가치 환수land value capture 방식은 홍콩의 지하철 및 도시철도MTR 건설 자금을 조달하는 데 매우 효과적으로 활용되었다.[32]

이러한 것들은 한국식 모델을 따라 주거용 및 상업용 토지를 매입하고, 개발하고, 판매하는 국립 토지은행이나 국영 개발 기관을 설립하는 방식을 통해 국가 차원에서 실현할 수 있다. 이들 토지은행은 공공 자금을 투입하여 아직 개발 계획이 없는 토지를 먼저 매입한 후 개발에 대한 승인이 나면 '개발 완료 후 가격'(development price, 개발 가격이라고도 한다)으로 민간 개발업체에 토지를 임대하거나 판매할 수 있다. 이때 토지은행은 주택 및 기타 개발을 위한 토지 공급원 역할을 한다. 동시에 여기서 발생하는 토지 가치 상승분은 정부의 재정에도 상당한 도움이 된다.

이와 같은 공공 토지은행은 주택 가격 하락에 따른 충격을 완화하는 데에도 일정 정도 역할을 할 수 있다. 특히 소득 대비 주택담보 대출 비율이 높은 국가에서는 토지은행이 집값 하락으로 자산의 가치가 대출금 잔액보다 낮아지게 된 주택 소유자들의 토지를 매입해 그 영향을 줄일 수 있다. 그 토지는 다시 그 주택 소유자에게 재임대될 수 있는데, 이는 결국 주택 소유자는 자신의 주택이 터를 잡고 있는 토지의 소유권을 공공 토지은행에 매각하지만 그 토지를 다시 임차해 기존 주택에 계속 살 수 있다는 것이다. 이때 그 주택 소유주는 토지를 토지은행에 매각해 확보한 자금을 주택담보 대출 상환 등에 사용할 수 있다. 이는 일종의 '토지 지대 사회화land rent socialization'[43]의 한

---

[43] 경제학자 헨리 조지 등의 사상에서 비롯된 개념으로, 토지 가치 상승으로 인한 이익을 개인 토지 소유자가 독점하지 않고 공공이나 사회 전체가 공유하도록 하는 제도적 장치를 말한다.

형태라고 할 수도 있는데 신중하게 관리된다면 금융과 부동산 간의 점진적인 분리를 가능하게 할 수도 있다.[33]

주택 보유율이 낮은 나라가
경제와 금융의 변동에는 더 안정적

―

주거 형태는 금융의 규제 완화와 금융 혁신이 가계와 경제에 미치는 영향까지 좌우한다. 특히 주택 보유율이 높은 나라일수록 그 영향은 훨씬 더 커질 수 있다. 그 이유는 주택 보유율이 높은 나라일수록 금융의 규제가 완화되면 대출을 더 쉽게 받을 수 있고 그로 인한 주택 가격 상승을 통해 이익도 챙길 수 있기 때문이다. 하지만 임차인은 이러한 혜택을 전혀 누릴 수 없다. 따라서 주택 보유율이 높은 나라에서는 금융 제도 변화가 가계 재무에 미치는 파급력이 크고, 반대로 임대 비중이 높은 나라일수록 그 영향력은 상대적으로 약하다. 선진국 주택 보유율의 일반적인 추세는 1940년대의 약 40퍼센트에서 2000년대에는 60퍼센트에 가까워지는 등 전반적으로 증가세를 보여왔다.[34] 하지만 몇 가지 흥미로운 예외도 있다. 모든 국가가 개인의 주택 보유와 주택담보 대출을 확대하기 위한 정책을 펼친 것은 아니라는 점이다. 주택 보유율이 50퍼센트 미만인 독일, 오스트리아, 스위스는 이에 대한 좋은 반증을 보여준다.

독일에서는 주택담보 대출을 주로 담당하는 저축은행과 대출 기관이 대출을 실행할 때 담보 인정 비율, 즉 LTV의 상한선을 종종 60퍼센트로 제한했다. 동시에 제2차 세계대전 전후에 바로 도입한 비교적 강력한 임대차 보호 제도가 이후 수십 년 동안 유지되었다. 임대차 계약은 기한 제한 없이 체결할 수 있으며, 집주인은 세입자가 몇 달간 임대료를 체불하거나 주택에 심각한 훼손이 발생한 경우와 같은 몇 가지 특정 사유로만 임차인을 퇴거시킬 수 있다. 과도한 임대료 인상에 대한 보호 장치도 마련되어 있다. 또한 독일의 세법은 주택담보 대출을 받을 때 미국 등과 달리 세제 혜택(이자 비용 소득 공제 등)이 매우 적거나 거의 없다. 독일에서는 이처럼 낮은 LTV 한도, 강력한 임차인 보호법, 제한된 세제 혜택 등과 같은 정책 때문에 주택을 보유하는 것을 그다지 매력적인 것으로 인식하지 않았다. 그 결과 2013년 독일의 주택 보유율은 43퍼센트로 1950년의 39퍼센트보다 약간 더 높았다.

스위스는 네덜란드와 함께 주택 보유자에게 귀속 임대소득에 대해 여전히 세금을 부과하는 몇 안 되는 선진국 중 하나다. 이 책 앞부분에서도 다룬 추정 임대소득이라고도 하는 이 소득은 주택 소유자가 자신의 집에 거주해 실제로는 임대소득이 발생하지 않아도 만약 그 집을 남에게 임대하면 받을 수 있는 임대료 수준을 책정해 가상의 소득으로 추정하는 것이다. 스위스는 그 소득에 대해서도 세금을 부과하는 것이다. 또한 스위스의 많은 도시에서는 임대료 상한제rent cap를 시행하고 있으며, 많은 주에서는 외국인의 부동산 매입을 금지하고 있다. 스위스의 주택 보유율은 지난 반세기 동안 약 35퍼센트 수준을 유지해 왔다. 독일과 마찬가지로 스위스도 재정, 도시개발, 은행 시스템이 더욱 분권화되어 있는데 각 주는 이러한 문제에 대해 상당한 자율권을 갖고 있다.

전반적으로 볼 때 자가주택 보유가 주요 주거 형태로 자리 잡은 경제가 더 생산적이거나 효율적이라는 증거는 거의 없다. 여러 실증적인 연구를 통해 특정 지역 또는 국가에서 주택 보유율이 증가하면 실업률도 증가한다는 것이 밝혀지기도 했다.[35] 자신의 집을 소유한 사람들은 다른 지역에 일자리가 생겨도 쉽게 이주를 할 수 없어 일자리를 포기하게 되면서 실업률이 높아질 수 있다. 이를 국가적인 차원에서 보면 지역 경제의 유연성이 떨어지고 이동 인구가 적어 노동 분배의 효율성도 떨어지게 된다. 또한 주택 보유율이 높은 지역에서는 사회적으로 꼭 필요한 시설이라 하더라도 자신이 거주하는 지역에 들어서는 것을 반대하는 님비 현상(Not In My Backyard, "내 뒷마당에는 안 돼")이 발생해 경제 발전을 저해할 가능성도 높다.

주택담보 대출에 대한 문턱이 낮아지는 것은 단기적인 소비 촉진 효과는 불러일으킬 수 있겠지만 궁극적으로는 금융의 취약성을 악화시키고 부의 불평등도 심화시킨다. 한 나라의 주택 정책은 국가가 제공하거나 징수하는 보조금 혜택이나 세금 측면에서 자가 소유든 임대든 특정한 주거 형태에 유리하지 않도록 중립적으로 설계되어야 한다. 특히 민간 임대 시장은 장기 임대 보장, 임대료 인상 제한, 강력한 세입자 권리 보장 등을 통해 최대한 안정적으로 운영되어야 한다. 정부는 또한 공공 임대 주택, 지역 공동체 주도형 주택, 협동조합 주택 등 비시장 주택 공급을 늘려야 한다. 이를 통해 다양한 유형과 규모의 주택이 공급되도록 하고, 주택 공급이 토지 및 주택 가격의 변동성이 큰 민간 시장에 덜 의존하도록 해야 한다.

마지막으로, 가계가 은퇴 자금을 마련하기 위해서나 노년의 생활비를 충당하기 위해 주택 시장에 뛰어드는 것을 줄이도록 하기 위해서는 적절한 투자 대안과 안정적인 연금을 제공해야 한다. 사람들이 안정감을 느낄 수 있는 저렴한 주택을 결코 구매할 수 없다거나 막대한 자산 증식의 기회를 놓칠까봐 두려워하지 않는다면, 자신의 소득 전체를 주택에 쏟아붓거나 한도를 최대한 꽉 채운 대출을 받아 주택에 투자하려는 의욕은 느끼지 않을 것이다.

6

우리의 집이 상품이 아닌
하나의 권리가 되기 위하여

시장에만 맡겨도 될까
—

왜 내 집 마련은 이다지도 어려워졌을까? 서구 사회에서는 이 질문에 대해 정치적으로 매우 인기 있는 몇 가지 답변들이 있다. 즉 주택 부족, 이민자 과다, 지나치게 엄격한 도시개발 계획법 등이 그 답변으로 주로 제시된다. 이들 중 일부는 실제로 어느 정도 관련이 있기도 하다. 하지만 더 근본적인 힘들이 작용하고 있다. 부동산에 대한 수요가 지나치게 과해지면서 '투기적인 성격'을 띠게 되었다. 또한 현대 자본주의 경제에서 은행 시스템은 더 이상 교과서에서 말하는 활동만을 하지는 않는다. 은행들은 '부동산 대출 기관'이 되어 공급이 한정되어 있는 토지와 그 토지를 포함한 부동산으로 유입되는 신용과 자금을 창출한다. 이로 인해 주택 가격은 상승하고 주택담보 대출에 대한 수요는 더욱 증가해 결과적으로 은행의 수익만 증대시킨다.

이러한 수익을 통해 은행 시스템은 자신들의 대출이 초래한 가격 상승으로 발생한 토지 지대를 자본화한다. 즉 은행이 빌려준 돈이 집값을 올리고 그로 인해 발생한 이익을 주택저당증권 등과 같은 파생 금융 상품을 통해 다시 은행과 금융 기관이 취하게 되는 구조라고 할 수 있다. 이러한 주택과 금융의 순환 구조는 후기 자본주의 경제를 지배하게 되었다. 이는 대부분의 토지가 농업에 사용되었을 때 고전 경제학자들이 우려했던 것처럼 소비 수요와 생산적 투자를 위축시켰다. 그럼에도 정책 입안자나 경제학자들 중 이를 인식하는 사람은 거의 없는 것 같다.

토지와 화폐는 경제 이론에서 가장 간과되는 두 가지 개념이다. 토지는 옮길 수 없고, 재생산이 불가능하며,

한 사람만이 아닌 사회 전체가 시간과 돈, 노력 등을 들인 결과로 가치가 상승한다. 정부가 도로, 지하철, 학교 등 기반시설에 투자하고 지방 정부가 공원, 하수도 등 생활환경을 개선하고 기업이 그 지역에 들어와 경제 활동을 하고 일자리를 만드는 등 여러 경제 주체들의 집단 투자를 통해 토지의 가치가 상승하는 것이다. 이러한 특징은 자본재에는 적용되지 않는다. 그럼에도 현대 경제학과 국가회계National Accounts는 토지와 자본재, 이 둘을 동일한 개념으로 취급한다.

은행은 대출을 통해 새로운 화폐와 신용을 창출하는데 그들의 대출 결정은 기업의 생산 활동과 경제 성장에 도움을 줄 수도 있고, 반대로 토지와 주택 가격을 상승시킬 수도 있다. 완화된 규제 덕분에 이윤 추구에 몰두할 수 있게 된 은행 시스템은 자연스럽게 주택담보 대출 쪽으로 방향을 틀게 되면서 기업 대출에서 멀어지고 있다. 이러한 경향은 단기 경기 변동에 따른 일시적인 현상이 아니라 현 자본주의 경제 시스템에서 고착화된 하나의 철칙으로 보아야 한다. 토지와 신용을 규제 없이 자유시장에만 맡긴다면 사회적 복지를 최적화하지 못한다. 오히려 경제적 지대의 증가, 주거 비용 상승, 불평등, 부채 증가, 그리고 궁극적으로는 금융 위기를 초래할 것이다.

20세기 주택담보 대출 변천사

여기서 문제는 정치적으로 수용 가능하면서도 경제적으로도 감당 가능한 방식으로 정부나 공공 기관이 어떻게 개입할 것인가이다. 한동안 서구 민주주의 국가들에서 주택담보 대출의 점진적인 확대는 주택 보유율을 높이는 데 주요 역할을 해왔고 이는 경제 성장과 생산성 향상에도 도움이 되었다. 그러나 1930년대부터 1970년대까지는 주택담보 대출이 엄격한 규제와 관리를 받던 시기로, 은행을 비롯한 금융 기관들이 맘대로 주택담보 대출을 확대할 수 없었다. 또한 더 넓은 금융 시스템에서 분리되어 독립적으로 운용된, 오로지 주택담보 대출을 전문으로 담당하는 금융 기관만이 대출을 할 수 있도록 제한했다. 게다가 당시 교통의 획기적인 발전은 교외 지역 개발을 가능하게 했는데 이는 교외 지역의 토지를 자유롭게 활용해 주택 공급을 늘려 주택 가격을 낮추고 부의 분산 효과를 일으키는 역할을 했다. 이 시기의 주택담보 대출과 주택 소유는 보다 광범위한 케인스주의 경제 모델의 한 요소에 불과했다. 케인스주의 모델의 주된 동력은 국가와 은행 시스템, 기업이 수행한 자본 투자였다.

그런데 1970년대에 들어서자 이 모델은 압박을 받기 시작했다. 공공 부채는 날로 늘어나고 경제적 파이를 어떻게 분배할지와 같은 어려운 문제에 직면한 앵글로-색슨계 국가들은 성장과 소득이 둔화되기 시작했음에도 주택 보유를 더욱 확산시키기 위해 주택담보 대출 금융을 자유화했다. 오랫동안 주택 가격 상승과 금융의 자유화는 소비와 경제 성장을 안정적으로 뒷받침하는 데 도움이 되는 긍정적인 조합으로 보였기 때문이다. 그러자 이제 주택담보 대출은 한 나라의 금융 시장에만 갇혀 있지 않고 전 세계 금융 시장 및 글로벌 투자자들과 연결되었고, 증권화와 관련된 금융 혁신은 주택담보 대출 상품을 패키지화해 전 세계에 유통시킬 수 있게 되었다.

하지만 이러한 '대안정기'는 환상에 불과했다. 주택담보 대출로 인해 경기 변동이 완화된 것처럼 보였지만, 실제로는 소득 대비 주택 가격과 가계 부채가 지속 불가능한 수준으로 상승하고 있다는 것을 '은폐'하고 있었다. 미국 서브프라임 모기지 시장의 붕괴는 서구 자본주의를 대공황 이후 최악의 위기로 몰아넣었다. 이는 주택과 금융의 상호작용이 우리 경제 구조에 깊이 뿌리 내린 결과물이다.

**상품이 아닌
거주를 위한 공간이 되기 위하여**
—

'주거 자본주의'는 더 이상 현대 경제에서 지속 가능한 경로가 아니다. 주택과 금융의 악순환 고리를 끊어내려면 심도 있는 구조 개혁이 필요하다. 하지만 완전히 처음부터 시작할 필요는 없다. 경제적으로 성공한 몇몇 선진국들은 주택 가격을 소득 대비 보다 관리 가능한 수준으로 유지하는 방법을 찾아냈다. 그들의 핵심은 주택담보 대출을 엄격히 통제하는 데 있었다. 주택담보 대출 시장이 보다 유연하고, 증권화가 활발히 행해지고, 고정 금리보다 변동 금리 적용이 많고, 주택자산 인출이 많은 나라일수록 주택 가격이 높고 변동성이 크다. 금융 시스템이 자유화될수록 주택 가격과 소비 수준, 광범위한 경제 간의 상호작용은 더욱 강해져 경제 전반에 걸쳐 변동성이 커진다.

주택담보 대출에 대한 규제를 보다 엄격히 강화하고 보완하기 위해서는 국영 투자은행과 이해관계자 은행을 새로이 설립하거나 확장하는 것이 필요하다. 이들 은행은 혁신을 지원하고 저탄소 경제로의 전환을 가속화하기 위해 고위험을 수반하긴 하지만 장기적인 관점에서는 높은 수익을 기대할 수 있는 차세대 인프라에 자본을 투자할 수 있다. 그동안 정부가 개인의 주택 구매에 쏟아부은 막대한 보조금은 긴축 정책으로 어려움을 겪은 보다 생산성 높은 산업 부문에 대한 자본 투자로 쓰이거나 혁신을 촉진하는 데 더욱 효과적으로 활용될 것이다.

또한 정부나 공공 기관은 토지 시장에 개입해야 한다. 토지가 투기적인 국내외 투자자들을 위한 단기 자본 이득이나 지대 소득이 아닌 공공 가치를 창출하도록 훨씬 더 적극적으로 개입하여 역할을 해야 한다. 이때 토지와 그 이용에 대해 공공 기관이 계속해서 관리 및 통제하는 것이 중요할 것으로 보인다. 한때 서구 민주주의 국가와 일본, 한국, 싱가포르와 같은 선진 동아시아 국가에서 소득 대비 주택 가격 비율이 반대 방향으로 움직였다는 점은 주목할 만하다. 그러나 이들 동아시아 국가에서는 토지와 토지 가격 상승으로 발생하는 경제적 지대를 개인이나 특정 집단이 독점하지 않고 훨씬 더 큰 폭으로 사회 전체의 공공 이익이나 공동체의 이익으로 환원될 수 있게끔 했다.

서구 민주주의 국가들에서 대규모 '토지 국유화'가 정치적으로 실현 가능하지 않다면 '주택 소유 민주주의'라는 꿈은 이제 포기하고 차라리 보다 균형 잡힌 다양한 거주 형태의 혼합을 고려하는 게 낫다. 독일, 오스트리아,

스위스 같은 서유럽 국가들은 대다수 서구 국가들에서 발생한 급격한 주택 가격 상승을 경험하지도 않았고, 주택 보유율 또한 50퍼센트 이하이며, 민간 및 공공 임대 주택도 여유 있게 공급되고 있다. 앵글로-색슨계 국가들에서도 이러한 모델을 따라 주택 소유에 유리한 재정 지원이나 세금 혜택을 중단해야 한다. 대신 민간 임대 주택, 공공 임대 주택, 협동조합 주택 등에 적절한 자금 지원을 해야 한다. 그리고 전반적으로 과세 체계는 노동을 통해 벌어들이는 소득에 대한 세금 부과는 줄이고 토지 지대에 부과하는 세금을 강화하는 쪽으로 전환되어야 한다.

그리고 정치 지도자들은 용감하게 기득권에 맞서 주택은 금융 자산이 아닌 본래의 목적대로 '거주를 위한 공간'이라는 점을 분명하게 주장해야 한다. 주택을 자산 증식의 수단으로 보는 시각에서 벗어나, 모든 사람이 안전하고 저렴한 주택을 누리는 것이 하나의 '권리'라는 새로운 담론이 확립되어야 한다. 점점 더 많은 젊은층과 저소득층 가구가 주택 보유에서 멀어지게 되면서 이러한 변화는 오히려 더 쉬워질 것이다. 하지만 여기서 핵심은 금융 혼

란을 야기하지 않으면서 금융 시스템과 경제를 우리의 주택과 분리하는 방법을 찾는 것이다. 정부는 지금부터 재정을 보다 더 생산적인 분야, 특히 경제 성장과 소비를 촉진하는 동시에 도시의 부담을 완화할 주거 및 교통 인프라 구축에 쏟아부어야 한다. 점진적이고 서서히 진행되는 주택 가격 하락이 필요하며, 주택 수요의 증가는 자산 가격 상승이 아닌 투자와 생산에서 비롯되어야 한다. 그렇게 될 때 우리는 비로소 주택과 금융 간의 이 악순환에서 벗어날 수 있다.

감사의 말

이 책의 핵심 주제인 '주택과 금융의 순환 구조'는 내가 2016년에 블로그에 올린 「파멸의 고리 바로잡기 Fixing the Doom Loop」라는 글로 처음 발표되었다. 그 글은 옥스퍼드 대학 정치외교학과, 뉴 이코노믹 재단 New Economics Foundation, 포지티브 머니 Positive Money 등이 공동으로 주최한 「공공 자산에 대한 고찰 Rethinking Public Assets」을 주제로 한 일련의 세미나에서 발표한 내용의 일부였다. 이 개념은 이후 토비 로이드, 로리 맥팔렌과 공동으로 집필하고 출간한 『땅과 집값의 경제학 Rethinking the Economics of Land』 제5장에서 보다 더 구체적으로 발전되었다.

나는 지난 7년 동안 나와 관계를 맺어온 많은 전문가들에게 지적으로 신세를 지고 있다. 그들은 모두 금융, 주택, 경제적 지대와 토지, 그리고 그들 간의 연관성에 박식한 사람들로 리처드 베르너, 디르크 베제머, 마이클 허드슨, 존 뮬바우어, 클라우디오 보리오, 토니 그린햄, 마이클 쿠모프, 어데어 터너, 앨리스 마틴, 던컨 맥캔, 베스 스트랫퍼드, 앤드류 퍼브스, 마리아나 마추카토, 스티브 킨 등이 특히 많은 도움을 주었다. 더불어 폴리티 프레스Polity Press 출판사 조지 오워스와 익명의 검토자 두 사람은 이 책의 초안에 대해 소중한 의견을 제시해 주었다.

더불어 나는 오스카 요르다, 모리츠 슐라리크, 앨런 M. 테일러, 카타리나 크놀, 토마스 슈테거에게도 감사의 말을 전하고 싶다. 그들이 발표한 데이터, 즉 혁신적이면서도 공공에 공개된 장기간에 걸친 거시경제학적 데이터는 주택 가격과 은행 대출 간의 역사적 관계를 추적할 수 있는 핵심 자료가 되었다. 나는 이 책에서 그 데이터를 많은 도표에 접목시켰다. 관련 데이터는 http://www.macrohistory.net/data/에 접속하면 누구나 이용할 수 있다.

  이 책에서 제기된 논점들은 뉴 이코노믹 재단과 유니버시티 칼리지 런던의 바틀렛 건축환경학부 산하 혁신 및 공공 목적 연구소Innovation and Public Purpose에서 열린 많은 세미나와 강의를 통해 발표되면서 더욱 발전할 수 있었다.

  마지막으로 이 책을 집필하는 동안 많은 인내와 함께 지지를 보내준 나의 파트너 살로메와 딸 엘사에게 큰 감사의 마음을 전한다.

자료 출처

1장 1950년대 이후로 부동산은 그 어떤 투자보다 수익률이 좋았다

1 emographia, *14th Annual Demographia International Housing Affordability Survey: 2018* (St Louis Metropolitan Area: Demographia, 2018), p. 10.

2 Jonathan Cribb, Andrew Hood and Jack Hoyle, 'The decline of homeownership among young adults'. Briefing note (London: Institute for Fiscal Studies, 2018).

3 US Census Bureau, 'Home ownership rates'. Federal Government (2017). Available at https://www.census.gov/housing/hvs/files/currenthvspress.pdf.

4 Angus Livingston, 'Home ownership too tough for young'. News.com.au (2017). Available at http://www.news.com.au/finance/economy/australian-economy/home-ownership-too-tough-for-young/news-story/eef1996640d0a9e305348dbaa864eeb5.

5 Resolution Foundation, Home Affront: Housing across the Generations (London: Resolution Foundation, 2017), p. 6.

6 Governing.com, 'Housing affordability for metro areas: current and historical trends' (2018). Available at http://www.governing.com/gov-data/other/rentalmortgage-affordability-for-metro-areas-historical-trend-data.html.

7 Joint Centre for Housing Studies (JCfHS), America's Rental Housing 2017 (Harvard, MA: Joint Centrefor Housing Studies, Harvard University, 2017), p. 27. Available at http://www.jchs.harvard.edu/americas-rental-housing.

8 Resolution Foundation, The Generation of Wealth: Asset Accumulation across and within Cohorts (London: Resolution Foundation, 2017), p. 42.
9 Joshua Robertson, '"Eye-watering prices": Australia's housing affordability crisis laid bare'. The Guardian, 3 May 2017. Available at http://www.theguardian.com/australia-news/2017/may/03/eye-watering-prices-australias-housing-affordability-crisis-laid-bare.
10 Òscar Jordà, Katharina Knoll, Dmitry Kuvshinov, Moritz Schularick and Alan Taylor, 'The rate of return on everything'. *VoxEU.org* (2018). Available at https://voxeu.org/article/rate-return-everything.
11 Thomas Piketty, *Capital in the Twenty-First Century* (Cambridge, MA: Harvard University Press, 2014).

2장 우리들의 집이 '금융 자산'으로 변모하기까지

1 See also M.A. Davis and J. Heathcote, 'The price and quantity of residential land in the United States'. *Journal of Monetary Economics* 54 (2007): 2595–620.
2 Katharina Knoll, Moritz Schularick and Thomas Steger, 'No price like home: global house prices, 1870–2012'. *American Economic Review* 107 (2017): 331–53.
3 For a detailed study of the economics of land, see Josh Ryan-Collins, Toby Lloyd and Laurie Macfarlane, *Rethinking the Economics of Land and Housing* (London: Zed Books, 2017).
4 John Locke (1689), *Locke: Two Treatises of Government* (Cambridge: Cambridge University Press, 1960).
5 Adam Smith (1776), *An Inquiry into the Nature and Causes of*

the *Wealth of Nations* (Chicago, IL: University of Chicago Press, 1976/1977).

6 Henry George (1879), *Progress and Poverty: An Inquiry into the Cause of Industrial Depressions, and of Increase of Want with Increase of Wealth; the Remedy* (London: Hogarth Press, 1953).

7 John B. Clark, 'Marshall's principles of economics'. *Political Science Quarterly* 6 (1891): 126–51, 144–5.

8 Mason Gaffney, 'Land as a distinctive factor of production'. In Nicholas Tideman (ed.) *Land and Taxation* (London: Shepheard-Walwyn, 1994), pp. 39–102.

9 OECD, 'OECD Affordable Housing Database – December 2016 indicators' (2016), Figure HM1.3.1. Available at http://www.oecd.org/social/affordablehousing-database.htm.

10 Òscar Jordà, Moritz Schularick and Alan M. Taylor, 'Macrofinancial history and the new business cycle facts'. *NBER Macroeconomics Annual* 31 (2017): 213–63, 226.

11 Daniel K. Fetter, 'How do mortgage subsidies affect home ownership? Evidence from the mid-century GI Bills'. *American Economic Journal: Economic Policy* 5 (2013): 111–47.

12 Manuel B. Aalbers, 'The variegated financialization of housing'. *International Journal of Urban and Regional Research* 41 (2017): 542–54, 542.

13 Knoll et al., 'No price like home'.

14 Carlota Perez, 'Structural change and assimilation of new technologies in the economic and social systems'. *Futures* 15 (1983): 357–75; Richard L. Florida and Marshall Feldman, 'Housing in US Fordism'. *International Journal of Urban and Regional Research* 12 (1988): 187–210.

15 Michael Hudson, *The Bubble and Beyond: Fictitious Capital, Debt Deflation and Global Crisis* (Dresden: ISLET, 2012), p. 227.
16 John Joseph Wallis, 'A history of the property tax in America'. In Wallace E. Oates (ed.) *Property Taxation and Local Government Finance* (Cambridge, MA: Lincoln Institute of Land Policy, 2001), pp. 123–47.
17 Alvin D. Sokolow, 'The changing property tax and state-local relations'. *Publius: The Journal of Federalism* 28 (1998): 165–87, 171.
18 Glenn W. Fisher, 'Some lessons from the history of the property tax'. *Assessment* 4 (1997): 40–6, 44.
19 Michael Hudson, 'The transition from industrial capitalism to a financialized bubble economy'. Levy Economics Institute Working Paper No. 627 (2010), p. 236.
20 Margaret Thatcher, 'Leader's speech, Blackpool 1975'. Available at http://www.britishpoliticalspeech.org/speech-archive.htm?speech=121.
21 James Meek, 'Where will we live?' *London Review of Books* 36 (2014): 7–16.
22 Aalbers, 'The variegated financialization of housing'.
23 Raquel Rolnik, 'Late neoliberalism: the financialization of homeownership and housing rights'. *International Journal of Urban and Regional Research* 37 (2013): 1058–66.

3장 주택담보 대출은 어떻게 전 세계적인 폭발력을 갖게 되었을까

1 For a full explanation, see Michael McLeay, Amar Radia and Ryland Thomas, 'Money creation in the modern economy'.

Bank of England Quarterly Bulletin 54 (2014); or Josh Ryan-Collins, Tony Greenham, Richard Werner and Andrew Jackson, *Where Does Money Come From? A Guide to the UK Monetary and Banking System*, 2nd edn (London: New Economics Foundation, 2012).

2 Paul C. Cheshire, Max Nathan and Henry G. Overman, *Urban Economics and Urban Policy: Challenging Conventional Policy Wisdom* (Cheltenham: Edward Elgar Publishing, 2014); Nicole Gurran and Christine Whitehead, 'Planning and affordable housing in Australia and the UK: a comparative perspective'. *Housing Studies* 26 (2011): 1193–214.

3 Dan Andrews, Aida C. Sanchez and Åsa Johansson, 'Housing markets and structural policies in OECD countries'. OECD Economic Department Working Papers, No. 836 (Paris: OECD Publishing, 2011).

4 IMF, 'Chapter III. Housing finance and financial stability – back to basics?' In *IMF Global Financial Stability Report, April 2011* (Washington, DC: International Monetary Fund, 2011), p. 150.

5 Giovanni Favara and Jean Imbs, 'Credit supply and the price of housing'. *American Economic Review* 105 (2015): 958–92.

6 Òscar Jordà, Moritz Schularick and Alan M. Taylor, 'The great mortgaging: housing finance, crises and business cycles'. *Economic Policy* 31 (2016): 107–52; Dirk Bezemer, Anna Samarina and Lu Zhang, 'The shift in bank credit allocation: new data and new findings'. DNB Working Papers 559, Netherlands Central Bank, Research Department (2017).

7 Based on the average across 14 advanced economies; see Jordà et al., 'Macrofinancial history and the new business cycle facts'.

8 Bezemer et al., 'The shift in bank credit allocation'.

9 The idea that different types of credit have different macroeconomic effects was recognized by Joseph Schumpeter, and more recently in the work of economists Richard Werner and Dirk Bezemer. See Joseph Alois Schumpeter, *The Theory of Economic Development: An Inquiry into Profits, Capital, Credit, Interest, and the Business Cycle* (New Brunswick, NJ: Transaction Books, 1983); Richard A. Werner, 'Towards a new monetary paradigm: a quantity theorem of disaggregated credit, with evidence from Japan'. *Kredit und Kapital* 30 (1997): 276–309; Dirk Bezemer, 'Schumpeter might be right again: the functional differentiation of credit'. *Journal of Evolutionary Economics* 24 (2014): 935–50.

10 Dirk Bezemer, Lu Zhang and Maria Grydaki, 'More mortgages, lower growth?' *Economic Inquiry* 54 (2016): 652–74.

11 Charles Goodhart, Money, *Information and Uncertainty*, 2nd edn (London: Macmillan, 1989), pp. 156–8.

12 Jens Lunde and Christine Whitehead, *Milestones in European Housing Finance* (London: John Wiley & Sons, 2016), p. 28.

13 Stephen A. Marglin and Juliet Schor, *The Golden Age of Capitalism* (Oxford: Clarendon Press, 1990).

14 Herman Schwartz and Leonard Seabrooke, 'Varieties of residential capitalism in the international political economy: old welfare states and the new politics of housing'. *Comparative European Politics* 6 (2008): 237–61.

15 Greta R. Krippner, *Capitalizing on Crisis* (Cambridge, MA: Harvard University Press, 2011), p. 61.

16 Greta R. Krippner, 'The financialization of the American economy'. *Socio-Economic Review* 3 (2005): 173–208.

17 Kenneth A. Snowden, 'The anatomy of a residential mortgage

crisis: a look back to the 1930s'. NBER Working Paper No. 16244 (2010), p. 5.

18 Janine Aron and John Muellbauer, 'Modelling and forecasting mortgage delinquency and foreclosure in the UK'. *VoxEU.org* (2016). Available at http://voxeu.org/article/mortgage-delinquency-and-fore closure-uk.

19 Avinash Persaud, 'Breaking the link between housing cycles, banking crises, and recession'. CITYPERC Working Paper Series 2016/02 (2016), p. 5.

20 Kevin Fox Gotham, 'Creating liquidity out of spatial fixity: the secondary circuit of capital and the subprime mortgage crisis'. *International Journal of Urban and Regional Research* 33 (2009): 355–71.

21 David Harvey, *The Limits to Capital* (London: Verso, 2006).

22 OECD, 'OECD Affordable Housing Database', Figure PH 2.2.1.

23 Christian A.L. Hilber and Tracy M. Turner, 'The mortgage interest deduction and its impact on homeownership decisions'. *Review of Economics and Statistics* 96 (2014): 618–37.

24 Manos Matsaganis and Maria Flevotomou, 'The impact of mortgage interest tax relief in the Netherlands, Sweden, Finland, Italy and Greece'. EUROMOD Working Paper Series (2007).

25 Jennifer Johnson, Lorenzo Isgrò and Sylvain Bouyon, 'Milestones in EU housing and mortgage markets'. In Jens Lunde and Christine Whitehead (eds) *Milestones in European Housing Finance* (London: John Wiley & Sons, 2016), p. 415.

26 Ibid., p. 417.

27 Andrews et al., 'Housing markets and structural policies in OECD countries'.

28 Lunde and Whitehead, *Milestones in European Housing Finance*, p. 25.
29 CML, *The Outlook for Mortgage Funding Markets in the UK in 2010–2015* (London: Council of Mortgage Lenders, 2010), p. 6.
30 Alistair Milne and Justine A. Wood, 'An old fashioned banking crisis: credit growth and loan losses in the UK 1997–2012'. In J.S. Chadha, A. Chrystal, J. Pearlman, P. Smith and S. Wright (eds) *The UK Economy in the Long Expansion and its Aftermath* (Cambridge: Cambridge University Press, 2014), p. 232.
31 John Doling and Richard Ronald, 'Home ownership and asset-based welfare'. *Journal of Housing and the Built Environment* 25 (2010): 165–73.
32 Moritz Schularick and Alan M. Taylor, 'Credit booms gone bust: monetary policy, leverage cycles and financial crises, 1870–2008'. NBER Working Paper No. 15512 (2009); Dirk Bezemer and Lu Zhang, 'From boom to bust in the credit cycle: the role of mortgage credit'. Research Institute SOM Working Paper series (2014).
33 Claudio Borio, 'The financial cycle and macroeconomics: What have we learnt?' *Journal of Banking & Finance* 45 (2014): 182–98.
34 Raghuram G. Rajan, *Fault Lines: How Hidden Fractures Still Threaten the World Economy* (Princeton, NJ: Princeton University Press, 2011).
35 Angus Armstrong, 'Commentary: UK housing market: problems and policies'. *National Institute Economic Review* 235 (2016): F4–F8, F5.

4장 정부와 중앙은행은 책임이 없는가

1 Lunde and Whitehead, *Milestones in European Housing Finance.*
2 Janine Aron, John V. Duca, John Muellbauer, Keiko Murata and Anthony Murphy, 'Credit, housing, collateral and consumption: evidence from Japan, the UK and the US'. *Review of Income and Wealth* 58 (2012): 397–423.
3 Richard Barwell and Oliver Burrows, 'Growing fragilities? Balance sheets in the Great Moderation'. Bank of England, *Financial Stability Paper No. 10* (2011).
4 Hyman Minsky, *Stabilizing an Unstable Economy* (New Haven, CT: Yale University Press, 1986).
5 Dirk Bezemer, 'No one saw this coming: understanding financial crisis through accounting models'. SOM Research Reports, Vol. 09002 (Groningen: University of Groningen, SOM Research School, 2009); Steve Keen, 'Finance and economic breakdown: modeling Minsky's financial instability hypothesis'. *Journal of Post Keynesian Economics* 17 (1995): 607–35.
6 Colin Crouch, 'Privatised Keynesianism: an unacknowledged policy regime'. *The British Journal of Politics & International Relations* 11 (2009): 382–99.
7 Remarkably it was only in 2017 that advanced economies – at the behest of the EU – began separating out land values from housing assets in national accounts.
8 Charles Goodhart and Boris Hofmann, 'House prices, money, credit, and the macroeconomy'. *Oxford Review of Economic Policy* 24 (2008): 180–205, 181–2.
9 Meta Brown, Lee Donghoon, Joelle Scally, Katherine Strair and Wilbert van der Klaaw, 'The graying of American

debt'. *Liberty Street Economics* (2016). Available at http://libertystreeteconomics.newyorkfed.org/2016/02/the-graying-of-american-debt.html#.V_AHIoWmqU0.

10 Sharon Parkinson, Beverley A. Searle, Susan J. Smith, Alice Stoakes and Gavin Wood, 'Mortgage equity withdrawal in Australia and Britain: towards a wealth-fare state?' *European Journal of Housing Policy* 9 (2009): 365-89.

11 Goodhart and Hofmann, 'House prices, money, credit, and the macroeconomy'.

12 Joseph Stiglitz and Alan Weiss, 'Credit rationing in markets with imperfect information'. *American Economic Review* 71 (1981): 393-410.

13 Richard A. Werner, *New Paradigm in Macroeconomics: Solving the Riddle of Japanese Macroeconomic Performance* (Basingstoke: Palgrave Macmillan, 2005), pp. 194-6.

14 John Muellbauer and Anthony Murphy, 'Housing markets and the economy: the assessment'. *Oxford Review of Economic Policy* 24 (2008): 1-33.

15 Ben S. Bernanke, Mark Gertler and Simon Gilchrist, 'The financial accelerator in a quantitative business cycle framework'. In J.B. Taylor and M. Woodford (eds) *Handbook of Macroeconomics*, Volume 1 (Amsterdam: Elsevier, 1999), pp. 1341-93.

16 Ben S. Bernanke and Mark Gertler, 'Should central banks respond to movements in asset prices?' *American Economic Review* 91 (2001): 253-7.

17 Indraneel Chakraborty, Itay Goldstein and Andrew MacKinlay, 'Housing price booms and crowding-out effects in bank lending'. *The Review of Financial Studies* (2018). https://doi.org/10.1093/rfs/hhy033.

18 Gabriele Galati and Richhild Moessner, 'Macroprudential policy – a literature review'. *Journal of Economic Surveys* 27 (2013): 846–78. Regulation had previously only focused on the stability of individual financial institutions: 'microprudential' policy.

19 Fredrik Andersson and Lars Jonung, 'The credit and housing boom in Sweden, 1995–2015: Forewarned is forearmed'. *VoxEU.org* (2016). Available at http://voxeu.org/article/credit-and-housing-boomswe den-1995-2015.

20 Chris Bourke, 'The party is over for Australia's $5.6 trillion housing frenzy'. *Bloomberg.com* (2017). Available at https://www.bloomberg.com/news/articles/2017-11-23/australia-faces-housing-hangover-twice-size-of-u-s-subprime-era.

21 Nathan Brooker, 'How the financial crash made our cities unaffordable'. *Financial Times*, 14 March 2018. Available at https://www.ft.com/content/cc77babe-2213-11e8-add1-0e8958b189ea.

22 Filipa Sá, 'The effect of foreign investors on local housing markets: evidence from the UK'. *VoxEU.org* (2017). Available at http://voxeu.org/article/effectforeign-investors-localhousing-markets-evi dence-uk

23 The Economist, 'Foreign buyers push up global house prices'. *The Economist*, 11 March 2017.

24 Manuel B. Aalbers, Jannes Van Loon and Rodrigo Fernandez, 'The financialization of a social housing provider'. *International Journal of Urban and Regional Research* 41 (2017): 572–87; Caroline Dewilde, 'The financialization of housing and affordability in the private rental sector'. HOWCOME Working Paper Series (2016).

25 Thomas Wainwright and Graham Manville, 'Financialization

and the third sector: innovation in social housing bond markets'. *Environment and Planning A* 49 (2017): 819–38.

26 Benjamin Braun, 'Central banking and the infrastructural power of finance: the case of ECB support for repo and securitisation markets'. *Socio-Economic Review* (2018). doi:10.1093/ser/mwy008

27 ECB/BoE, 'The impaired EU securitisation market: causes, roadblocks and how to deal with them'. European Central Bank and Bank of England (2014).

28 A. Ghent and M. Kudlyak, 'Recourse and residential mortgage default: Evidence from US states'. *Review of Financial Studies* 9 (2011): 3139–86.

29 European Commission, 'Proposal for a Regulation of the European Parliament and of the Council laying down common rules on securitisation and creating a European framework for simple, transparent and standardised securitisation' (2015). Available at http://eur-lex.europa.eu/legal-content/EN/TXT/PDF/?uri=CELEX:52015PC0472&from=EN; Ewald Engelen and Anna Glasmacher, 'The waiting game: or, how securitization became the solution to the Eurozone's growth problem'. *Competition and Change* 22 (2018): 165–83.

30 *Ibid*.

5장 주택 시장과 금융의 악순환은 어떻게 끊어낼 수 있을까

1 Jordà et al., 'The rate of return on everything'.
2 Goodhart, *Money, Information and Uncertainty*, pp. 156–8.
3 World Bank, *The East Asian Miracle: Economic Growth and*

Public Policy (Oxford: Oxford University Press, 1993).
4 Robert Wade, *Governing the Market: Economic Theory and the Role of Government in East Asian Industrialization* (Princeton, NJ: Princeton University Press, 1990); Richard A. Werner, *Princes of the Yen: Japan's Central Bankers and the Transformation of the Economy* (New York: M.E. Sharpe, 2003).
5 Michael Collins, *Money and Banking in the UK: A History* (London: Routledge, 2012).
6 Allen N. Berger and Gregory F. Udell, 'Small business credit availability and relationship lending: The importance of bank organisational structure'. *The Economic Journal* 112 (2002): F32–F53.
7 Tony Greenham and Lydia Prieg, *Stakeholder Banks: Benefits of Banking Diversity*. (London: New Economics Foundation, 2013).
8 Although it should be noted that Germany has seen the emergence of a housing credit bubble in the last few years.
9 Giovanni Ferri, Panu Kalmi and Eeva Kerola, 'Does bank ownership affect lending behavior? Evidence from the Euro area'. *Journal of Banking & Finance* 48 (2014): 194–209.
10 Giovanni Ferri and Angelo Leogrande, 'Was the crisis due to a shift from stakeholder to shareholder finance? Surveying the debate'. Euricse Working Papers, 76/15 (2015).
11 Beatriz Armendariz de Aghion, 'Development banking'. *Journal of Development Economics* 58 (1999): 83–100.
12 Michael Hudson and Dirk Bezemer, 'Incorporating the rentier sectors into a financial model'. *World Economic Review* 1 (2012): 1–12, 7.
13 Michael Hudson, 'How economic theory came to ignore the role of debt'. *Real-World Economics Review* 57 (2011): 2–24, 13–14.

14 De Aghion, 'Development banking', 85–86.
15 Walker F. Todd, 'History of and rationales for the Reconstruction Finance Corporation'. *Federal Reserve Bank of Cleveland Economic Review* 28 (1992): 22–35.
16 Eduardo Levy Yeyati, Alejandro Micco and Ugo Panizza, 'Should the government be in the banking business? The role of state-owned and development banks'. Research Department Publications 4379, Inter-American Development Bank (2004), p. 2.
17 William L. Megginson, 'The economics of bank privatization'. *Journal of Banking & Finance* 29 (2005): 1931–80.
18 Mariana Mazzucato and Caetano C. R. Penna, 'Beyond market failures: the market creating and shaping roles of state investment banks'. Levy Economics Institute of Bard College Working Paper (2015).
19 Mariana Mazzucato and Gregor Semieniuk, 'Financing renewable energy: who is financing what and why it matters'. *Technological Forecasting and Social Change* 127 (2017): 8–22.
20 José de Luna-Martínez and Carlos Leonardo Vicente, 'Global survey of development banks'. Policy Research Working Paper, WPS5969, World Bank (2012).
21 Laurie Macfarlane and Mariana Mazzucato, 'State investment banks and patient finance: an international comparison'. Institute of Innovation and Public Purpose Working Paper 2018-01 (2018).
22 Charles Goodhart and E. Perotti, 'Maturity mismatch stretching: banking has taken a wrong turn'. CEPR Policy Insight 81 (2015); Persaud, 'Breaking the link'.
23 Atif Mian and Amir Sufi, *House of Debt: How They (and You)*

Caused the Great Recession, and How We Can Prevent It from Happening Again (Chicago, IL: University of Chicago Press, 2015).

24 Jesper Berg and Christian Sinding Bentzen, 'Mirror, mirror, who is the fairest of them all? Reflections on the design of and risk distribution in the mortgage systems of Denmark and the UK'. *National Institute Economic Review* 230 (2014): R58–R75.

25 Hansjörg Blöchliger, 'Reforming the tax on immovable property: Taking care of the unloved'. OECD Economic Department Working Papers, No. 1205 (2015), p. 6.

26 Jens Arnold, Bert Brys, Christopher Heady, Åsa Johansson, Cyrille Schwellnus and Laura Vartia, 'Tax policy for economic recovery and growth'. *The Economic Journal* 121 (2011): F59–F80; Blöchliger, 'Reforming the tax on immovable property'.

27 Andro Linklater, *Owning the Earth: The Transforming History of Land Ownership* (New York: Bloomsbury, 2013).

28 Sock-Yong Phang, 'Housing policy, wealth formation and the Singapore economy'. *Housing Studies* 16 (2001): 443–59, 446.

29 *Ibid.*, p. 449.

30 Andrew Purves, *No Debt, High Growth, Low Tax: Hong Kong's Economic Miracle Explained* (London: Shepheard-Walwyn, 2015).

31 Olga Kaganova, 'International experiences on government land development companies: what can be learned?' Working Paper, Urban Institute Centre on International Development and Governance (2011). Available at http://www.urban.org/url.cfm?renderforprint=1&ID=412299&buildstatic=1.

32 Purves, *No Debt, High Growth, Low Tax*.

33 Beth Stratford, 'Falling house prices could be the reboot our economy desperately needs. But only if we prepare for a soft landing'. *New Thinking for the British Economy* (2018). Available at https://www.opendemocracy.net/neweconomics/falling-house-prices-reboot-economy-desperately-needs-prepare-soft-landing/.

34 Jordà et al., 'The great mortgaging', p. 121.

35 Andrew J. Oswald, 'A conjecture on the explanation for high unemployment in the industrialized nations: part 1'. The Warwick Economics Research Paper Series (TWERPS) (Coventry: University of Warwick, 1996); David G. Blanchflower and Andrew J. Oswald, 'Does high home-ownership impair the labor market?' Cambridge, MA: National Bureau of Economic Research (2013).

옮긴이 윤영호

한국외국어대학교 언어학과를 졸업했으며 현재 전문 번역가로 활동 중이다. 옮긴 책으로는 『지리의 힘 3』, 『자본의 미스터리』, 『아름다운 비즈니스』, 『고통 없는 변화』, 『진정성의 힘』, 『권력의 미래』, 『화폐의 전망』, 『어떻게 세계는 서양이 주도하게 되었는가』, 『공간과 장소』, 『삼성 라이징』 등이 있다.

**상품이 되어버린
우리들의 집, 값에
대하여**

1판 1쇄 찍음 2025년 9월 20일
1판 1쇄 펴냄 2025년 9월 30일

지은이 조시 라이언-콜린스
옮긴이 윤영호
펴낸이 권선희

펴낸곳 사이
출판등록 제2020-000153호
주소 03938 서울시 마포구 월드컵로36길 14 516호
전화 02-3143-3770
팩스 02-3143-3774
email saibook@naver.com

ⓒ 사이, 2025, Printed in Seoul, Korea.

ISBN : 978-89-93178-41-8 03300

• 잘못된 책은 구입하신 서점에서 교환해 드립니다.